_____ 님의 소중한 미래를 위해
이 책을 드립니다.

소크라테스적 **성찰**

소크라테스적
성찰

"성찰하지 않는 삶은 살 가치가 없다!"

엄정식 지음

메이트북스

메이트북스 우리는 책이 독자를 위한 것임을 잊지 않는다.
우리는 독자의 꿈을 사랑하고,
그 꿈이 실현될 수 있는 도구를 세상에 내놓는다.

소크라테스적 성찰

초판 1쇄 발행 2019년 4월 1일 **|** **지은이** 엄정식
펴낸곳 ㈜원앤원콘텐츠그룹 **|** **펴낸이** 강현규 · 정영훈
책임편집 안미성 **|** **편집** 김하나 · 이수민 · 김슬미 · 최유진
디자인 최정아 **|** **마케팅** 한성호 · 김윤성 **|** **홍보** 이선미 · 정채훈 · 정선호
등록번호 제301-2006-001호 **|** **등록일자** 2013년 5월 24일
주소 04778 서울시 성동구 뚝섬로1길 25 서울숲 한라에코밸리 303호 **|** **전화** (02)2234-7117
팩스 (02)2234-1086 **|** **홈페이지** www.matebooks.co.kr **|** **이메일** khg0109@hanmail.net
값 15,000원 **|** **ISBN** 979-11-6002-219-3 03100

이 도서의 국립중앙도서관 출판시도서목록(CIP)은 e-CIP홈페이지(http://www.nl.go.kr/ecip)에서
이용하실 수 있습니다.(CIP제어번호 : CIP2019007673)

소크라테스적 사고는 인간의 마음을 열어주고
'개방의 위험'으로 초대하는 사고다.

• 야스퍼스(철학자) •

소크라테스가 제시하는
자각과 성찰의 가르침

1.

우리는 흔히 인류가 낳은 4대 성현으로 석가, 공자, 예수, 그리고 소크라테스Socrates를 꼽는다. 이들의 가르침은 많은 세월이 지났음에도 불구하고 조금도 퇴색되지 않고 오히려 더욱 강하게 빛을 뿜어내고 있다.

그러한 현상이 이 성현들에게는 영광스러운 일이 되겠지만 그들의 가르침을 여전히 절박하게 필요로 하는 우리들로서는 깊이 생각해볼 일이 아닐 수 없다. 인성에 관한 한 인류는 조금도 진화하거나 진보하지 못하고 있다는 것을 의미하기 때문이다. 가령 우리는 석가의 자비와 무념, 공자의 인애와 예의, 그리고 예수의 사랑과 구원 등의 사상을 어느 정도 이해한다고 하더라도 그것을 제대로 실천하는 것과는 거리가 먼 삶을 살아가고 있는 것이다.

그런데 다른 성현들의 사상과 비견되는 소크라테스의 가르침은 무엇인가? 사실 우리는 그의 이름은 많이 들어보았지만 구체적으로 그의 핵심적인 사상이 무엇인지에 대해서는 비교적 생소한 편이다. 그러므로 그의 가르침을 어떻게 실천할 것인지에 대해서도 막연한 느낌을 가지고 있을 뿐이다. 그의 엄청난 명성에 비해서 여전히 그는 우리에게 상당히 낯선 인물로 비추어져 있는 것이다.

소크라테스는 잘 알려져 있는 바와 같이 기원전 4세기경에 고대 아테네에서 활동했던 인물로서 서양철학을 확고한 기반 위에 세웠던 위대한 철학자다. 일반적으로 우리는 그를 "너 자신을 알라Gnothi Seauton!"고 가르친 인물로 알고 있다. 그러나 실제로 그는 자기를 따르는 제자들이나 아테네 시민들에게 삶의 지혜에 관해서 구체적인 가르침을 내린 것이 별로 없다. 오히려 그는 그들로부터 무엇인가를 배우기 위해서 끊임없이 질문을 던졌을 뿐이다. 그는 사람들에게 자비를 베풀고 인애를 구현하며 사랑을 실천해야 한다고 가르치지 않았다. 또한 그는 스스로 자신을 이상적 인간의 전형으로 내세우지도 않았으며, 반드시 그렇게 해야 하는 이유가 무엇인지를 제시하지도 않았다.

소크라테스는 답변을 마련하는 대신 스스로 확신에 가득 찬 사람들에게 계속 회의의 시선을 보냈을 뿐이었다. 가령 선이나 정의가 무엇인지 알고 있으며 덕을 가르친다고 호언하는 사람들에게, 그리고 진리가 무엇인지 알고 있다고 자처하거나 그러한 것은 없다고 장담하는 사람들에게 계속 질문을 던짐으로써 다만 좀 더 깊이 생각해보라고 간청하거나 당부했을 뿐이었다. 이러한 태도에 당혹한 사람들이 답변을 요구하면 "나는 아무것도 모른다는 사실을 알고 있을 뿐"이라고 그는 응답했다. 그러한 의미로 그의 가르침을 한마디로 요약한다면 '성찰'과 '자각'이었다고 말할 수 있다. 코끼리와 장님의 이야기에 비유해서 언급한다면 소크라테스는 어떠한 가르침을 우리에게 주었다고 말할 수 있을까? 그는 아마도 이렇게 말했을 것이다.

"나도 장님 중에 한 사람일 뿐이다. 그러므로 나는 코끼리의 어떤 부분에 관해서만 조금 알 뿐이다. 그러나 나는 코끼리라는 것이 존재한다는 것을 알고 있다. 그리고 그 외에 나는 아무것도 모른다는 것을 분명히 알고 있다."

격동의 시대를 살아가는 우리들에게 이러한 가르침이 어떠한 의미를 지닐지 가늠하는 것은 결코 쉬운 일이 아니다. 더구나 우리 한국인은 동서와 고금이 첨예하게 격돌하는 현대 문명의 '폭풍의 언덕'에서 삶을 영위하고 있다. 전통적인 가치관이 급격하게 무너지고 아직 새로운 가치관은 정립되어 있지 않은 상황에서 정신적으로나 도덕적으로 매우 혼란스러운 상태에 직면해 있음을 우리는 모두 실감하고 있다. 그 어느 때보다도 자비와 무념, 인애와 예의, 사랑과 구원의 가르침이 더욱 절실하게 필요한 시점에 우리는 지금 서 있는 것이다.

그러나 이러한 가르침조차도 그 해석과 실천의 방법에 따라 때로는 새로운 갈등의 원천으로 작용하기도 하고, 결국 더욱 심각한 불신과 증오와 투쟁의 소용돌이로 몰아가는 경우가 허다하다. 여기서 소크라테스가 제시하는 자각과 성찰의 가르침은 우리에게 무엇을 의미하는가? 도대체 어떠한 방식으로 위기의 상황에서 하나의 돌파구를 마련할 수 있을 것인가? 이러한 질문에 대한 답변을 마련하는 것은 결국 우리들 자신의 몫이 될 것이다.

2.

소크라테스의 가르침을 체계적으로 이해하는 것은 결코 쉬운 일이 아니다. 다른 성현들의 경우와 같이 오랜 세월에 걸쳐서 많은 논자들이 서로 다른 해석을 제시해왔고, 무엇보다 그의 사상이 주로 제자인 플라톤의 저술을 통해서 알려져 있기 때문에 정확하게 그 자신의 주장을 가려내는 데 어려운 점이 많이 있다. 그럼에도 불구하고 여러 가지 전거典據를 기초로 해서 그의 가르침을 정리해볼 수 있는데, 그것을 특히 이 시대를 살아가는 우리에게 필요한 지혜로 묶으면 다음과 같이 일곱 가지로 요약할 수 있을 것이다.

첫째, 아무것도 모른다는 것을 알라.

현대는 이른바 '정보화 시대'라고 해서 정보와 지식이 홍수처럼 범람하는 시대다. 그러므로 우리는 많은 것을 알고 있고, 원한다면 언제라도 무엇이든지 알 수 있다고 착각하기 쉽다. 그러나 그것은 착각일 뿐이다. 그러한 것들은 항상 변하는 유동적인 정보이거나 요령을 가르치는 도구일 뿐 참다운 지식이 아니기 때문이다. 더구나 그 중에서 어느 것이 정작 자신에게 소중한 것인지 우리는 정확히 모른다. 이러한 사실을 깨닫는 것이 지식의 출발점인 동시에 진리로 향하는 첫걸음이기도 하다. 이러한 출발은 반드시 이미 알고 있다고 생각한 것을 다시 성찰하는 것에서 시작하지 않으면 안 된다. 인간의 인식에는 한계가 있기 때문에 자기가 평소에 옳다고 생각하는 것도 다시 한번 숙고할 필요가 있다. 자기가 모른다는 것을 인정할 때 비로소 더 많은 것이 보이기 시작하며 오류를 극복할 수 있는 계기도 마련된다.

둘째, 생각하고 또 생각하라.

많이 생각한다고 해서 완전한 지식이나 절대적인 진리에 도달하는 것은 아니며, 반드시 행복하고 바람직한 삶을 살게 되는 것도 아니다. 그러나 이 세상과 다른 사람들과 자기 자신에 대해서 좀 더 깊고 넓게, 그리고 멀리 생각함으로써 더욱 많은 것을 알게 되고 위험에 더 잘 대처하며 다른 사람들의 입장을 배려할 수도 있게 된다. 여기서 깊게 생각한다는 것은 겉으로 드러난 현상이나 사건 뒤에 어떠한 실체나 원인이 깔려 있는지 파악하는 것을 의미한다. 넓게 생각한다는 것은 그것이 어떠한 방식으로 다른 현상이나 사건들과 관계를 맺고 있는지 규명하는 능력을 말한다. 그리고 멀리 생각한다는 것은 이러한 방식으로 현재의 현상이나 사건의 심층적 구조를 파악함으로써 앞으로 일어날 일에 대해서 미리 예측하고 효과적으로 대처할 수 있게 되는 것을 뜻한다. 이미 확신을 가지고 받아들인 정치적 신념이나 종교적 신앙에 대해서도 생각하고 또 생각해봐야 한다는 것이다.

셋째, 답변보다 질문을 찾는 데 더 열중하라.

어떤 사안에 대해서 생각하고 또 생각한다는 것은 해결책을 찾는 데 있어서 너무 서두르지 않는다는 것을 의미한다. 답변을 찾는 것은 문제의 성격과 그 한계를 명확하게 규정해야만 가능하다. 그러므로 답변을 가지고 있다고 확신하거나 그것을 마련하는 데 급급하면 많은 편견과 선입견을 지니게 마련이며, 흔히 그것을 정당화하거나 합리화하는 데 몰두할 수밖에 없다. 항상 열린 자세로 계속 질문을 던지면 좀 더 깊고 넓게, 더 멀리 세상과 다른 사람들, 그리고 나 자신을 바라볼 수 있게 된다. 더구나 답변이 아니라 질문을 많이 가진 사람만이 풍부한 상상력을 지니며, 상상력이 풍부한 사람만이 새로운 것을 창조할 수 있는 창의력을 가질 수 있음을 알아야 한다. 물론 끊임없이 쏟아지는 문제를 해결하려면 그 해결책으로서의 답변이 필요하다. 그러나 그것은 완전한 것이 아님을 동시에 인정하지 않으면 안 된다.

넷째, 비판적 태도를 견지하라.

질문을 많이 가지려면 항상 비판적 태도를 견지하지 않으면 안 된다. 이미 진리라고 인정된 것이라도 다시 검토해보고, 합리적이며 객관적으로 검증된 것만 받아들이도록 노력해야 한다. 물론 이것은 기존의 가치나 전통적인 인습을 무조건 거부하라는 뜻이 아니다. 그러나 깊은 성찰과 반성을 통해서 이러한 것들을 다시 점검해보고, 궁극적으로는 스스로 자기 자신의 사고와 행위의 주체가 될 수 있도록 노력하지 않으면 안 된다. 여기서 특히 중요한 것은 인간의 지식에 한계가 있고, 그것은 또한 끊임없이 변하는 것이기 때문에 다른 사람들과의 지속적인 대화를 통해서 공감대를 넓히지 않으면 안 된다는 점이다. 비판적인 태도는 논쟁에서 승부를 결정하는 데 그 목적이 있는 것이 아니라 인간이 지닌 합리성을 극대화하려는 노력과 연관된 것이라는 사실을 염두에 둘 필요가 있다. 그러므로 진정으로 바람직한 비판적인 태도는 상대방뿐만 아니라 결국 자기 자신을 겨냥함으로써 진리에 좀 더 가까이 다가가려는 것이어야 한다.

다섯째, 물질적인 것보다 정신적인 것을 더 소중하게 여겨라.

인간을 인간답게 하는 것은 육체가 아니라 정신이며, 그 중에서도 특히 합리적 사고의 능력이다. 그러므로 이러한 능력을 최대한으로 활용하는 것이 가장 인간답게 사는 방법이다. 그 구체적인 방법은 감각적이고 물질적인 것보다 이성적이고 정신적인 가치를 추구하는 데 있다. 물질적인 것을 소유하고자 하면 그것을 지니는 데 한계가 있고, 더욱 더 많은 것을 갖고 싶어지기 때문에 경쟁심이 생기고, 필연적으로 다른 사람들과 갈등을 일으키게 마련이다. 그러나 정신적 가치를 향유하고자 하면 이러한 문제들로부터 자유로워질 뿐만 아니라 정신적 능력을 고양시키고, 순수한 영혼을 지속적으로 간직하게 된다. 여기서 특히 주의해야 할 것은 물질적 가치를 추구하기 위해서 정신적 가치를 수단으로 이용하지 않는 일이다.

여섯째, 자기 자신을 아는 것이 행복보다 더 중요하다는 사실을 기억하라.

행복은 사회적 존재로서 다른 사람들과의 관계를 원만하게 유지하는 동안 자아의 실현을 통해 자신의 만족감을 지속적으로 충족시키는 것을 의미한다. 그 결과 권력과 명예와 부귀가 수반될 수도 있다. 그러나 그러한 것이 쉽게 충족되는 것은 아니며, 충족된다고 하더라도 단순히 행운의 선물이 아니라 주체적 소유와 책임의 산물이 되기 위해서는 무엇보다 먼저 자기 자신이 누구인지 알아야 한다. 그런데 자기를 안다는 것은 자신의 진정한 욕구와 능력과 의무를 알고 이에 걸맞게 살아가는 것을 의미한다. 그러한 뜻으로 자아의 인식은 행복의 추구에 논리적으로 선행하며, 따라서 행복은 삶의 목표가 아니라 자아 인식의 부산물인 것이다. 자신이 마침내 얻어낸 행복이 자기 자신의 것이 되게 하기 위해서라도 진정한 의미의 자기가 누구인지를 알아야 한다는 것이다.

일곱째, 살아온 방식대로 죽음을 맞이하라.

인간은 누구나 언제인가 죽게 마련이므로 그것을 회피할 방법은 없다. 그러나 내세에서의 구원과 해탈을 기약함으로써 삶의 한계를 극복할 수도 있다. 그런데 이것은 누구에게나 가능한 것이 아니고, 확신을 가질 수 있는 것도 아니며, 반드시 보장된 것도 아니다. 죽음을 극복할 수 있는 또 하나의 방법은 자기 자신을 알고 그 자아로서 자기답게 최선을 다해 살아가는 자세다. 그러한 사람에게 죽음은 큰 의미가 없고 자연스러운 삶의 과정에 불과한 것이기 때문에 결코 고통스럽거나 두려운 것이 아니다. 그것을 고통스럽고 두렵게 하는 것은 죽음이라는 객관적 사실 때문이 아니라 삶에 집착하고 죽음을 회피하려는 우리 자신의 주관적 관념과 비현실적 태도 때문이다. 자신만의 합리적인 인생 계획을 세우고 그것을 실현하도록 최선을 다하는 것이 바람직한 삶이며 의연하게 죽음을 맞이하는 자세이기도 하다.

3.

이상과 같이 우리는 소크라테스의 기본적인 사상과 그의 가르침을 정리해볼 수 있을 것이다. 여기에 모은 글들은 직접적으로 혹은 간접적으로 그의 가르침이 격동의 시대를 살아가는 우리들에게 어떠한 의미로 다가올 것인지를 음미해본 내용으로 구성되어 있다.

물론 그의 가르침만으로 과학기술이 풍미하는 이 혼돈의 시대를 효과적으로 살아가기에는 부족한 점이 많이 있을 것이다. 그러나 과학정신의 근간이 되는 비판적 합리성과 현대사조를 주도하는 반성적 주체성은 그 원천을 추적할 때 소크라테스의 사상으로 거슬러 올라가기 때문에 이것을 다시 음미해보는 것은 분명히 의미 있는 작업이 아닐 수 없다.

이 책은 크게 두 부분으로 구성되어 있다.

1~3장은 소크라테스라는 철학자의 인품과 사상을 직접 만나는 자리라고 할 수 있다. 그는 예수와 함께 서구 사상의 양대 원류가 되는 인물이고 서양철학의 대명사로 평가받는 사람이다. 그러므로 그가 우리에게 전혀 낯설지는 않으나 여러 가지로 과장되어 있거나 잘못 알려져 있는 경우가 많이 있다. 여기서는 깊이 다루지는 않았으나 그의 인간성과 사상을 정확하게 이해하고자 노력했다. 특히 그의 합리적이고 비판적인 사고와 이것이 행동으로 옮겨지는 삶과 죽음의 의미를 집중적으로 조명했다.

이어 4~12장에서는 다양한 주제에 관해 소크라테스적 성찰이 어떠한 것인지 살펴보았다. 특히 격동의 시대를 살아가는 우리의 당면

과제를 직접적으로나 간접적으로 소크라테스의 가르침을 의식하며 다루어보았다. 분단의 시대를 극복하지 못한 채 급격한 산업화와 민주화의 격류에 표류하고 있는 한국적 상황에서 그의 가르침은 매우 소중하고 긴요하다는 인식에 근거한 것이다.

이처럼 서구의 근대 이후에 나타난 계몽주의와 자본주의 경제체제, 자유민주주의 정치제도, 다원주의적 문화구조 등은 비판적 합리성의 표현으로써 그 원초적 형태를 우리는 소크라테스적 사고에서 찾을 수 있다. 그러한 의미로 시대의 구분과 상관없이 우리는 소크라테스를 최초의 근대인이라고 규정할 수도 있다. 우리가 오늘날 새삼스럽게 그를 주목하는 이유도 바로 여기에 있는 것이다.

여기에 모은 글들은 서로 유기적으로 연관되지 않은 부분도 있지만, 소크라테스의 합리적이고 비판적이며 자율적 사고가 성숙한 민주사회의 시민을 위해서는 무엇보다 절박한 것임을 강조한다는 점에서 일관성을 찾을 수 있을 것이다.

아직 충분히 다듬어지지 않은 생각의 편린들을 세상에 내놓을 수 있도록 이 원고를 기꺼이 받아준 도서출판 메이트북스 임직원들에게 감사드린다.

당진 은곡재에서
엄정식

CONTENTS

소크라테스에 관심을 갖는 이유

고대 아테네와 우리 사회의 유사성

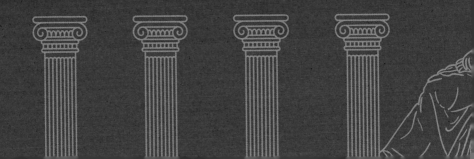

1장

왜 소크라테스를
알아야 하는가?

소크라테스에 관심을 갖는 이유

소크라테스는 이미 잘 알려져 있는 바와 같이 석가, 예수, 공자와 함께 인류가 남긴 4대 성인聖人 혹은 현자賢者 중의 한 사람으로 평가받고 있다. 그들은 서로 다른 시대의 다른 지역에서 태어나서 전혀 다른 역사적 및 문화적 배경 속에서 활동했으면서도 시대와 문화의 차이를 뛰어넘는 위대한 교훈을 남겼다는 점에서 공통점을 지녔다고 할 수 있다.

오늘날 과학기술이 발달해 그들이 활동하던 상황과 여러 가지로 현격한 차이가 있음에도 불구하고 이 현자들의 가르침은 여전히 우리의 심금을 울리고, 오히려 시간이 지날수록 더욱 찬연하게 빛나며 절박하게 요청되고 있는 이유가 무엇일까? 아마 어떤 점에서 인간이 전혀 진화 혹은 진보하지 못하고 있다는 것을 의미하지 않을까? 아직도 우리가 그들의 가르침을 추종하고 존경한다는 사실은 분명히 그들에게는 영광이겠지만 여전히 성숙하지 못한 우리에게는 수치이며 고통스러운 측면이 아닐까?

이 장에서는 이 현자들 중에서 소크라테스의 가르침을 조명하고 거기서 현대인, 특히 한국인에게 필요한 덕목이 무엇인지 집중적으로 조명할 것이다. 여기서 특별히 그에게 관심을 기울이고 나아갈 길을 찾는 데는 다음과 같은 몇 가지 이유가 있다.

첫째, 소크라테스는 다른 현자들 못지않게 중요한 교훈과 지혜를 남겼음에도 불구하고 우리에게 그 내용이 익숙하지 않을 뿐만 아니라 그것도 상당히 많은 부분이 잘못 알려져 있다. 특히 그는 종교적 지도자가 아니기 때문에 일반인에게는 이름조차 생소한 것이 사실이다.

둘째, 소크라테스는 다른 현자들과 달리 이른바 구체적인 '진리'를 설파한 적이 없고 특별한 제자들을 거느린 적이 없으므로 독단적인 종파를 만들거나 배타적인 파벌을 조성하지 않았다. 그는 사람들에게 질문만을 계속 던짐으로써 사람들 스스로 진리에 가까워지도록 도왔을 뿐이며, 그렇게 함으로써 우리에게 가장 절실한 덕목인 자율성과 합리성, 개방성과 도덕성의 함양을 강조했을 뿐이다.

셋째, 소크라테스는 오늘날 우리의 현실과 구조적으로 너무나 유사한 고대 아테네에서 활동했기 때문에 그에게 좀 더 구체적이고 필요한 가르침을 얻어낼 수 있다. 특히 분단 구조와 갑작스러운 문명적 전환, 이에 따른 가치관의 혼란 등이 고대 그리스와 현대 한국이 갖는 유사점인 것이다. 이제 이러한 점들을 좀 더 구체적으로 살펴보기 전에 그에 관해 알려진 내용을 간단히 살펴보자.

소크라테스B.C.469~B.C.399는 아테네에서 태어났고, 경제적으로나 정치적으로 번창했으며 문화적으로나 군사적으로도 융성했던 페리클레스의 시대에 활동했다. 아버지 소프로니코스는 석공이었고, 어머니 파이나레테는 산파였다. 그 영향을 받아서였는지 그는 아버지처럼 사람들에게 형상을 부여하고 어머니가 임산부에게 했듯이 사람들이 지식을 분만할 수 있도록 도울 뿐이라고 생각했다.

소크라테스는 소문이 날 정도로 외모가 추한 편이었으나 고결한 성품을 지녔으며, 젊은 시절 여러 번 전투에 참여해 용맹을 떨치기도 했고, 전쟁의 와중에서 정의롭고 지혜로운 결단을 보여주기도 했다. 비록 생활이 풍족하지는 못했으나 알려진 바와는 달리 극도의 빈곤에 시달린 것은 아니었다. 젊은 아내 크산티페와 결혼해 아들 셋을 두었다.

확실하지는 않으나 대체로 마흔을 전후로 해서 소크라테스 자신의 철학적 신념과 그것을 전개하는 방법론이 확고히 정립된 것으로 여겨진다. 그 당시 지성계에는 수사학과 변론술을 전문으로 하는 이른바 '소피스트sophist'들의 활동이 두드러졌고, 소크라테스도 그들의 영향을 많이 받았던 것이 사실이지만 본질적인 면에서 몇 가지 차이가 있었다.

그 중에서도 가장 중요한 것은 진리에 대한 탐구의 자세였다. 소크라테스와 소피스트들은 대화와 논증을 통해서는 진리에 도달할 수 없다는 점을 인정했다. 이러한 사실에서 소피스트들은 진리 같은 것은 존재하지 않고 누구나 옳을 수 있기 때문에 설득이 중요하다고 강변했으나, 소크라테스는 우리 모두가 무지하다는 사실을 깨닫고 진리에 다가가기 위해 겸손해져야 하며, 무엇보다 영혼을 정화하는 것이 중요하다고 설파했다. 이러한 그의 철학적 신념과 생활방식 때문에 시민들에게 오해를 받았고 미움을 샀으며 결국 기소되어 처형된 셈이었다.

사실 소크라테스의 가장 위대한 점은 그가 죽음에 임하는 철학적 자세와 결연한 그의 태도에서 찾아볼 수 있다. 그는 오랜 친구인 크리톤Crito이 억울한 재판의 결과에 승복하지 말고 탈옥해 여생을 편하게 지낼 것을 설득하고 그러한 여건을 마련했으나, 그것이 자율적인 태도가 아니고 합리적인 결론도 아니며 도덕적 결단도 아니라는 점을 지적하며 의연하게 독배를 마셨던 것이다.

이러한 자세에 대해서 우리는 얼마든지 비판할 수 있고 이견을 가질 수 있으며 좀 더 나은 대안을 찾을 수도 있다. 그러나 그가 제시할 수 있는 가장 합리적인 이유와 도덕적인 자세와 자율적인 태도에 따라 죽음을 택했다는 점에서 우리는 깊은 감동을 받을 수밖에 없으며, 그것이 종교적이거나 정치적인 것과 구분되는 또 다른 이유에 근거해 있다는 점에 숙연해지지 않을 도리가 없는 것이다. 그것은 말하자면 최초의 '철학적 순교'였던 것이다.

그렇다면 우리는 오늘날 왜 한국 땅에서 그를 새삼스럽게 거론하려고 하는가? 우리가 그동안 익숙해져 있던 전통적인 지혜와 그의 가르침은 서로 어떻게 다른가? 구체적으로 그의 아테네와 우리의 한국 사이에 어떤 유사점이 있는가?

고대 아테네와 우리 사회의 유사성

오늘날 우리가 처해 있는 입장과 고대 아테네의 역사적 상황 사이에 비슷한 점이 많다고 생각된다. 특히 소크라테스가 아테네의 시민들에게 "너 자신을 알라!"고 외치던 그 절박한 상황이 도대체 자기가 누구인지 모르고 우왕좌왕하고 있는 우리의 상황과 놀라울 정도로 유사하다. 각자가 제자리를 지키려 하지 않고, 세속적인 출세와 영달에 눈이 멀어서 정신적이고 지성적인 본래적 가치보다는 육체적이고 관능적인 도구적 가치의 추구에 여념이 없다는 점에서 특히 그렇다는 것이다.

물론 그들과 우리들 사이에는 공간적으로나 시간적으로 엄청난 거리가 가로놓여 있고, 또 급속한 과학 문명의 발달로 생활양식이나 사고방식에 있어서 상당한 차이가 있는 것이 사실이다. 그럼에도 불구하고 오히려 이 양자 사이의 유사점에 주목하고 이것을 문제 삼는 이유가 무엇일까? 말할 필요도 없이 이것이 더 본질적인 요소라고 생각되기 때문이다.

그렇다면 그러한 유사점에는 어떠한 것이 있는지 살펴보자. 외양적인 차이점보다는 내면적인 유사점에 주의를 기울임으로써 실질적인 대비에 중요한 준거의 틀을 마련할 수 있다는 것이다.

우선 당시 아테네와 스파르타의 대결구조가 남북한이 대치하고 있는 우리의 분단 상황과 매우 흡사하다고 생각된다. 아테네는 오늘날 우리나라와 마찬가지로 자유민주주의를 표방했고 제한적으로나

마 개인의 자유와 권리를 존중했던 반면, 스파르타는 북한과 마찬가지로 원시적인 형태로이지만 공산사회주의를 실현하기 위해 사회적 평등과 국가적 일체감을 강조했다. 물론 실질적으로는 규모에 있어서 엄청나게 차이가 있고, 인권을 무시하며 대량 살상무기를 개발할 뿐만 아니라 세습적으로 권력을 승계하는 등 구체적인 면에서 북한과 스파르타 사이에는 중요한 차이점이 있다. 한국과 아테네 사이에도 마찬가지다. 민주주의의 양태나 자유방임 경제체제, 다원주의적 문화형태 등 그 규모나 세부적인 실행에 있어서는 서로 비교하는 것이 무의미할 뿐만 아니라 위험한 측면이 있을 정도다. 그러나 본질적인 면을 검토해보면 이러한 피상적인 차이점은 별로 중요한 것 같지 않다.

사실 고대 그리스에서 싹튼 정치적 이데올로기가 25세기에 걸쳐 지구를 반 바퀴 돌아와서 마침내 오늘날 조국의 분단을 초래하고 남북한의 대결을 첨예하게 만든 원동력이 되었다고 볼 수도 있다. 플라톤에 의해서 기초된 유토피아적 원시공산주의 사상이 아테네의 민주주의 사상과 대조를 이루며 서구의 정치 사상사를 엮어왔기 때문이다. 물론 오늘날 변질된 북한의 세습적 봉건주의와 한국의 자유민주주의를 액면 그대로 비교하기는 어려우나 그 원류를 분명히 여기서 찾을 수 있는 것이다. 여하튼 스파르타와 아테네 사이에 드러나는 사고방식과 생활 방식의 차이 등이 오늘날 한반도에서 목격할 수 있는 분단의 갈등 구조가 한민족의 발전을 저해하고 여러 가지 부정적인 요소들을 조장한다는 점에서 유사점이 있다.

그다음 아테네와 한국 사이에는 경제적으로 급성장해 상업주의가 정착하고, 이에 따른 개인주의적 민주화 과정이 급속하게 진전되었다는 유사점이 있다. 당시 아테네는 페리클레스Perikles의 영도력으로 지중해의 해상권을 장악했으며, 다른 지역과 도시국가들에 대한 지배력이 막강해 제국주의적 면모를 보이기까지 했던 것이다. 여하튼 상대적으로는 오늘날의 한국과 비교하기 어려울 정도로 고대 아테네는 경제적으로나 문화적으로, 혹은 외교적으로나 군사적으로 번창한 강대국이었던 것이다. 이러한 상황에서는 각자의 능력에 따라 재산을 축적할 수 있는 것이 원칙으로 되어 있기 때문에 개인이 가치를 창조하는 데 있어서 적극적으로 관여하며, 따라서 극도의 개인주의와 상대주의 혹은 가치의 다원화현상이 일어나기 마련이다.

이러한 현상을 정치적으로 반영한 것이 자유민주주의일 수밖에 없는 것은 당연한 귀결이다. 그러므로 정치적 민주화는 경제적 상업화의 필연적인 결과라고 해도 과언이 아닐 것이다. 그러나 이기주의적 상업주의가 팽배해 있는 민주주의 사회에서 정의를 실현한다는 것은 좀처럼 쉬운 일이 아니다. 사람마다 걷잡을 수 없이 욕구가 분출하고 이해가 서로 충돌해서 투쟁과 분규가 끊일 날이 없으며, 허술한 통치체제를 틈타서 각종 부정과 부패, 퇴폐와 향락 등의 현상이 나타날 수밖에 없기 때문이다. 그리고 바로 이것이 아테네와 우리 사회가 구조적으로 지니고 있는 세 번째 유사점이다.

아마 이 밖에도 고대 아테네와 현대의 우리나라 사이에는 여러 가지로 비슷한 점이 많이 있을 것이다. 무엇보다도 가장 중요한 것은 분단의 대결 구조 및 퇴폐와 향락을 조장하는 상업주의, 그리고 민주화와 정의와 자유라는 미명하에 이성적 판단력과 도덕적 자긍심을 결여한 채 혼란만을 가중시키는 정치 풍토 속에서 사람들은 자기 자신이 누구인지 모른 채 표류하고 있다는 점일 것이다.

만약 이것이 사실이고 또한 본질적인 유사점이라면 소크라테스의 "너 자신을 알라!"라는 외침은 지금 분단의 시대를 살아가고 있는 이 땅의 모든 시민들을 향해서도 울려 퍼지지 않으면 안 된다. 그것은 진정한 민주시민으로서의 자의식을 일깨우고 자율적인 인간으로 성장하기 위해 우선 자신의 무지를 자각한 다음 자기의 이상을 정확하게 파악하라는 가르침이기 때문이다.

그러나 아테네의 시민들은 그러한 가르침을 귀담아듣지도 않았고, 오히려 그들은 인류가 낳은 최대의 현자 중의 한 사람인 소크라테스를 민주파의 정권 아래서 민중의 이름으로 처형했던 것이다. 스스로 그토록 안타깝게 찾아 헤매던 신을 모독했다는 것, 그리고 혼신의 정열을 기울여 한평생 열심히 가르쳤던 청년들을 그가 현혹시켰다는 것이 죄목이었다. 소크라테스는 '변명'의 기회를 준 법정에서 다음과 같이 부르짖었다.

친애하는 아테네 시민 여러분! 나는 여러분을 사랑하고 존경합니다. 나는 숨을 쉬고 힘이 남아 있는 한 진리를 추구하고 여러분들을 경고하고 계몽하며, 여러분 한 사람 한 사람에게 내가 지금까지 해온 바와 같이 양심적으로 말하기를 그치지 않을 것입니다. 나의 가장 친애하는 벗들이여, 가장 위대하고 정신적인 도야로 뛰어난 도시의 시민인 당신들은 돈지갑을 가능한 한 많이 채움을 부끄러워하지 않으며 도덕적인 판단과 진리, 그리고 영혼의 개선에는 조금도 관심이 없고 또 노력도 하지 않습니다.

부정과 불의로 가득 찬 사회가 마지막 남은 의인마저 제거해 버렸을 때 외부의 침략자들은 비로소 회심의 미소를 짓기 마련이다. 결국 아테네는 소크라테스의 최후와 운명을 함께했다. 아테네 최고의 웅변가인 데모스테네스Demosthenes의 애국적인 열변과 아테네 시민들의 저항도 소용없이 결국 이 도시국가는 마케도니아의 알렉산더에게 정복당한 후 20세기에 이르기까지 변변한 독립국가의 면모를 보여주지 못했던 것이다.

이처럼 고대 아테네와 우리 사회가 지니고 있는 구조적 유사성을 부정할 수 없고, 소크라테스의 마지막 절규가 놀라울 정도로 우리의 심금을 울리고 있다고 한다면, 특히 이 땅의 지식인들은 그의 가르침을 구태의연한 소리로 외면해서는 안 될 것이다. 우리는 고대 아테네와 운명을 같이 해서는 안 되고 그와 비슷한 전철을 밟아서도 안 된다. 그것을 극복할 시대적 사명과 역사적 당위, 그리고 그것을 극복할 권한과 책임이 바로 우리들 자신에게 있기 때문이다. 앞으로 좀 더 자세히 살펴보겠지만 이것이 이 책에서 말한 전통적인 지혜와 아울러 그의 가르침을, 특히 문제에 접근하는 그의 방식을 진지하게 다시 음미해보아야 하는 이유인 것이다.

자기 자신을 안다는 것의 의미

자아의 인식이 선행되어야 한다

진리에 가까이 가기 위한 변증술

2장

소크라테스적
접근 방식

자기 자신을 안다는 것의 의미

그렇다면 어떤 사람이 자기 자신을 안다는 것은 도대체 무슨 뜻이며, 어떻게 그것이 가능할 것인가? 소크라테스가 "너 자신을 알라!"고 했을 때 그는 우리에게 과연 무엇을 요구하고 있는 것일까? 그리스의 역사가로서 소크라테스의 친구이며 제자이기도 했던 크세노폰 Xenophon은 그의 『소크라테스의 추억』에서 다음과 같은 대화를 전하고 있다.

"에우데에모스, 델포이에 가본 적이 있는지 말해보게"라고 소크라테스는 말했다. "네, 두 번쯤." 그가 대답했다. "그러면 신전의 벽 어디엔가 '너 자신을 알라'고 쓰여 있는 것을 보았는가?" "보았습니다." "그래서 그 구절에 관해서 아무 생각도 없었는가? 그렇지 않으면 거기에 주의를 기울이고 자기 자신을 반성해보려고 애를 썼나?" "…" "그러나 자네 생각에 자기 자신을 안다는 사람은 그냥 자기 이름을 아는 사람인가? 혹은 어떻게 하면 인류를 위한 봉사에 자신을 적용시킬 것인지 스스로 분명히 하면서 자기의 능력을 아는 사람인가?"

이어 소크라테스는 이렇게 덧붙인다.

자기를 아는 사람은 무엇이 적합한지 스스로 알며, 무엇을 할 수 있고 무 엇을 할 수 없는지를 분별하며, 또한 어떻게 할 것인지 아는 바를 해냄으 로써 필요한 것을 얻고, 그러고는 모르는 것을 삼감으로써 비난받지 않고 살아가며 또 불운을 피하게 된다네.

여기서 우리는 소크라테스가 "너 자신을 알라"고 했을 때 무엇을 어떻게 알라고 한 것인지 어느 정도 가늠할 수 있다. 그것은 단순히 나의 이름이나 몸무게, 출생지나 주민등록번호 따위를 알라는 뜻이 아니다. 앞으로 좀 더 자세히 살펴보겠지만 그는 나의 진정한 욕구와 능력과 의무가 무엇인지 알며 동시에 그 아는 바를 실천에 옮길 것을 요구하고 있다. 자신의 입장을 통찰할 수 있는 지적 능력과 그것을 실천할 수 있는 의지력을 함께 강조하고 있다는 것이다.

앞의 인용문을 자세히 검토해보면 자아는 나의 욕구와 능력과 의 무라는 세 변으로 이루어진 하나의 삼각형이라고 규정할 수 있다. 그 리고 이러한 삼각형의 모습과 크기를 파악하는 것이 곧 자아의 인식 이라고 해석해도 좋을 것이다.

그런데 그러한 모습은 일반적으로 우리가 고난이나 역경에 처했을 때 더욱 분명히 드러난다. 다시 말해서 욕구를 충족시킬 능력이 나에 게 없거나 주위의 여건이 허락하지 않을 때 그 윤곽이 더욱 뚜렷해 진다는 것이다. 즉 자기가 원하는 것이 이루어지지 않았을 때 무엇을 원했었는지 비로소 분명해지며, 또한 문제의 원천이 자기의 능력이 부족했기 때문인지 혹은 자기가 처한 처지에서 허용되지 않았기 때문인지 등이 비로소 확실해지기 때문이다.

이와 같이 우리는 일상생활에서 특히 역경에 처했을 때 자아가 욕구와 능력과 의무라는 세 요소로 구성되어 있음을 다시 한 번 확인하게 되는 것이다. 그렇다면 이러한 사실을 깨닫는 것이 자아의 인식에 어떠한 역할을 하며, 또 실제로 우리에게 무슨 도움을 줄 수 있을 것인가?

자아의 인식이 선행되어야 한다

자아의 인식은 "나는 누구인가?"라는 질문을 스스로 제기함으로써 그 출발점을 찾을 수 있다. 그러나 우리는 이 질문의 모호성과 추상성 때문에 항상 당혹감을 느끼게 된다. 보통 우리는 내가 누구인지 당연히 알고 있다고 믿든지, 혹은 그러한 질문은 무의미하다고 생각하는 경향이 있기 때문이다. 그럼에도 불구하고 우리는 이 질문을 자기의 욕구와 능력과 의무를 묻는 세 가지 질문, 즉"나는 무엇을 원하는가?", " 나는 무엇을 할 수 있는가?", " 나는 무엇을 해야 하는가?"로 나누어 제기하고 또 거기에 각기 따로 답변을 마련함으로써 문제의 성격을 좀더 구체화할 수 있을 뿐만 아니라 답변의 한계도 더욱 분명히 할 수 있다는 점을 이해하게 된다. 그러나 자아를 제대로 인식한다는 것은 사실상 거의 불가능한 일이다.

더구나 앞으로 전개될 21세기에는 개인과 개인뿐만 아니라 국가와 국가 혹은 민족과 민족 사이에 경쟁이 더욱 치열해질 것이고, 과학기술의 발달에 따라 생활양식과 사고방식이 많이 급격하게 변모할 것이다. 그렇기 때문에 각자가 자기 분야에서 올림픽 스타들처럼 더욱 높고 빠르게, 그리고 멀리 뛸 수 있는 능력을 배양하는 것이 매우 중요해질 것이다.

그러나 그러한 성취의 주인공이 남의 노예가 아니라 바로 자기 자신이 되기 위해서는 자기가 누구인지 분명히 알고 그 '나'를 차분히 가다듬지 않으면 안 된다. 그렇게 하기 위해서는 앞을 향해서 마구 치닫기만 할 것이 아니라 불굴의 신념과 자아의 인식을 확립하기 위해 회의와 성찰의 과도기적 자세가 필요한 것이다. 개구리도 뛰어 오르기 위해서는 다리를 움츠린다는 지혜를 터득하고 있지 않은가.

한편 사상사 혹은 지성사적 관점에서 보아도 고대 아테네의 지적 풍토와 비슷하게 신비주의적 독단과 회의주의적 도피 사이에서 현대인들이 여전히 방황하고 있는 것이 분명하기 때문에, 우리는 무지의 자각을 외치는 소크라테스의 합리적인 통찰의 가르침이 그 어느 때보다도 중요한 의미를 지닌다는 점을 다시 확인해야 할 것이다. 이와 같이 무지의 자각과 동시에 진정한 의미의 자아를 인식하는 것이 무엇보다 선행되어야 한다는 것이 소크라테스가 우리에게 가르쳐준 첫 번째 '길'인 것이다.

여기서 우리는 소크라테스가 말하는 '자아'에 관해 좀 더 고찰할 필요가 있다. 곰곰이 생각해보면 그가 의미하는 것은 아폴로 신의 의도와는 전혀 다른 것이었다. "너 자신을 알라"라는 문구는 원래 인간은 신이 아니며 반드시 죽을 수밖에 없는 존재이기 때문에 자기 분수를 알아야 한다는 뜻으로 해석되었다. 그것이 바로 이 문구가 신전에 새겨진 이유이며 호메로스나 에우리피데스, 소포클레스 등 당시의 비극작가들이 전하고자 한 메시지이기도 했다. 그러나 소크라테스는 "너 자신"이라는 말을 '혼령psyché'이라는 개념과 연관시켜서 해석했고 여기에 새로운 의미를 부여한 것이다.

전통적으로 혼령은 육체가 생존하는 데 필수적인 생명력 또는 '생명의 원리'였지만 그 사람의 정신생활, 말하자면 성찰이나 숙고, 혹은 반성이나 비판 등의 지성적 혹은 도덕 기능과 직접적으로 상관이 있는 것은 아니었다. 이 생명력은 살아있는 사람의 몸속에서 구체적인 역할을 하지 않았으며, 죽으면 몸에서 빠져나가 죽은 사람의 희미한 그림자가 되어 하데스의 지하세계를 정처 없이 헤매고 다녔다. 가령 오르피우스 교에서도 의식과 단절된 이 혼령은 파괴된 것으로 보았으며, 여러 몸을 거치면서 윤회하는 동안 미덕을 쌓아서 자유롭게 해방되면 신과 합일을 이룬다고 생각했다. 그리고 이것은 어느 정도의 차이는 있지만 동서고금의 모든 종교와 근본적으로 맥을 같이 하는 것이었다.

그러나 소크라테스는 이 혼령이라는 단어에 지적인 통찰과 도덕적 책임의 주체라는 속성을 부여해 합리적 사고와 자율적 행위, 그리고 도덕적 판단의 구심점이라는 의미를 제공했다. 그렇기 때문에 '프쉬

케'는 단순히 혼령이 아니라 후에 서구인들의 이지적인 탁월성과 도덕적인 자긍심, 그리고 심미적인 감수성 등 모든 내면적 가치의 축을 마련한 개념으로 발전한 것이다. 테일러A.E. Taylor가 『소크라테스』에서 지적하듯이 "우리가 아는 한 영혼이라는 개념을 만들어낸 사람이 소크라테스이며, 이 개념은 그 후로 유럽인들의 사고를 계속 지배해온 것"이다. 그리고 바로 이 '영혼'이 진정한 자아이기 때문에 소크라테스의 경우 "너 자신을 알라"는 것은 이 영혼을 돌봄으로써 물질적이고 외면적이며 세속적인 삶을 초월하라는 것을 의미했다.

그러나 소크라테스는 구체적으로 어떻게 하는 것이 자기 자신을 아는 것인지 가르쳐주지 않았다. 예수처럼 구체적인 방안을 제시하지도 않았으며, 그 방안을 실천할 경우 보장받을 수 있는 구원과 영생의 '약속'도 내놓지 않았다. 석가처럼 깨달음을 통해 해탈의 길을 보여주지도 않았고, 공자처럼 인애와 예의를 실천함으로써 공동체 안에서 행복과 평안을 누릴 수 있는 방안을 내놓지도 않았다. 물론 『파이돈』에서 그는 영혼의 불멸성에 대한 확신을 보여주었지만 『변명』에서 실토하듯이 그는 이에 관해 막연한 희망을 갖고 있을 뿐이며 자신의 무지 때문에 그런 문제에 관한 결정적인 지식을 갖고 있지 않다고 고백한다. 그는 각자가 정화된 영혼으로서의 자기 자신을 발견할 수 있도록 도우려고 많은 사람들과의 대화를 통해서 애썼을 뿐이다. 그후 진정한 의미의 '나 자신'은 오늘날까지 천국과 지옥 사이를 혹은 열반과 세속 사이를 끊임없이 배회해온 셈이다.

블룸Allen Bloom은 『플라톤의 국가론』에서 소크라테스가 자아인식의 문제를 제기함으로써 그리스의 전통적인 영웅상인 아킬레우스에 도전했다고 지적한다. 알려진 바와 같이 아킬레우스라는 호메로스의 신화적 인물은 세속적인 영광과 명성을 추구하는 그리스인들의 영혼에 그 어떤 가르침이나 율법보다 더 큰 영향을 미쳤다. 그는 영웅 중에 영웅이며 모든 사람들이 그를 찬양하고 닮으려 했던 것이다. 블룸은 소크라테스가 싸우고 싶어 했던 것이 바로 이 점이라고 지적하며 이렇게 주장한다.

> 그는 만약 아킬레우스가 모범이 된다면 사람들이 철학을 추구하지 않을 것이며, 그가 상징하는 바는 인생을 살아가는 최선의 방법을 실천하고 최고의 도시 국가를 건설하는 데 오히려 해롭다고 가르쳤다. 소크라테스는 그리스인들, 또는 인류의 스승이라는 칭호를 놓고 호메로스와 다투고 있었다. 그의 가장 중요한 목표 중 하나는 아킬레우스 대신 자신을 진정한 최고의 인간형으로 자리매김하는 것이었다.

사실 이것이 소크라테스가 유죄 판결을 받게 된 결정적인 이유라고 볼 수도 있다. 그는 성찰의 삶을 살면서 권력이나 명예 혹은 물질적 풍요보다는 내면적 가치, 즉 영혼의 정화를 통해 참다운 인식적, 심미적, 그리고 도덕적인 가치를 추구해야 불안한 도시국가가 더 우월한 공동체로 승화될 것이라고 설득하려 했다. 그렇게 하기 위해서는 진정한 자아를 발견하는 것이 급선무라고 그는 『변명』을 비롯한 여러 대화록에서 가르쳤던 것이다.

그러나 이미 지적한 바와 같이 남에게는 물론 자기 자신에게조차 자아가 무엇인지, 진정한 의미로 나 자신이 무엇인지 소크라테스는 끝내 말할 수 없었다. 오직 다른 사람과의 대화를 통해서, 그리고 끊임없이 자기 자신에게 "내가 누구인가?"를 다그쳐 물음으로써 그 윤곽이 어느 정도 드러나리라고 그는 믿었을 뿐이다. 이것이 소크라테스가 문제에 접근하는 방식이며, 다른 성현들과 차별되는 그 자신만의 '길'이기도 한 것이다.

문학 비평가인 바흐친M. Bakhtin이 『도스토예프스키의 시학에 관한 문제』에서 지적하듯이 소크라테스는 '대화'를 통해 인간의 조건을 극복할 수 있으며 초월적인 영역으로 진입할 수도 있음을 보여주었다. 대화는 혼탁한 자기의 영혼에 집착하거나 자신의 소견을 합리화하려는 수단이 아니라 그것을 넘어 한 단계 더 상승하려는 의지의 표현이기 때문이다. 또한 이 방식을 통해서만 인간은 모든 형태의 권위에서 자유로울 수 있다는 것도 보여주었다. 더구나 이 방식을 통해서만 인간은 모든 형태의 권위에서 자유로울 수 있다는 것도 보여주었다. 즉 소크라테스는 '대화의 정신'만이 우리를 정치적인 권위나 도덕적 권위, 지적인 권위와 종교적인 권위, 그 밖에 모든 권위에서도 자유로울 수 있다는 것을 온몸으로 보여준 것이다.

소크라테스는 『테아이테토스』에서 철학을 "영혼이 영혼 자신과 나누는 대화"라고 규정한 적이 있다. 그것을 우리는 진리에 다가가기 위해 혹은 참다운 나를 찾기 위해 내가 나 자신과 나누는 대화라고 이해할 수도 있는 것이다.

진리에 가까이 가기 위한 변증술

소크라테스가 진리에 가까이 가기 위해 대화를 통해 사용한 방법은 오늘날 널리 알려진 '논증'의 한 방식인데, 그것은 이미 언급한 산파술의 한 형태로서 대화를 통한 '문답법'의 형식을 취한다. 초기에는 '논박술elenchus'이라고 불렀으며 후에 '변증술dialectike'로 발전했다.

문답법은 어떤 사람이 어떤 주제에 관해 제시한 주장을 검토하는 과정이다. 이 주장에 대해 그 의미를 명확하게 하고 진위를 확정짓기 위해 계속 질문을 던진다. 이 질문에 대답하다보면 흔히 자기모순에 이르게 되는데, 이러한 이유로 그것은 일종의 반박술의 성격을 띠게 된다.

소크라테스는 가령 "용기가 무엇인가", "절제가 무엇인가" 식의 일반적인 질문을 상대에게 던진다. 여기에 상대가 대답을 하면 그 대답에 대해 "그렇다" 혹은 "아니다" 같은 방식의 대답이 나오도록 계속 질문이 이어진다. 이 과정에서 상대가 질문을 제대로 이해하지 못하면 좀더 명확하게 설명하고 긴 대화의 과정에서 나온 대답들을 종합해 처음에 나온 대답과 모순되는 결론을 이끌어냈다. 말하자면 상대가 '용기'나 '절제'에 대해 잘못 알고 있거나 피상적으로 알고 있다는 것을 스스로 깨닫게 하는 것이다. 여기서 중요한 것은 대답자가 아니라 질문자가 대화를 주도한다는 사실이며, 서로 동의함으로써 새로운 사실을 인식하고 동시에 잘못된 인식에서 헤어남으로써 영혼을 고양시킨다는 점이다.

소크라테스에 의하면 영혼을 정리하고 개선하는 방법은 객관적 사실과 주관적 환상의 차이를 잘 이해하고, 삶의 실상에 대한 지식에 근거해서 자신의 신념과 사상을 형성하는 것이다. 그러한 지식을 획득했고 자신의 영혼을 잘 다스리는 사람은 실천적 차원에서도 참다운 도덕적 가치에 따라 행동하게 될 것이다. 그는 참다운 지식을 획득하는 방법으로 언어의 의미를 분석하는 일에 착안했다.

가령 '정의正義'는 영혼의 인식 능력을 사용함으로써 획득할 수 있는 지식의 한 전형적인 예다. 우선 그것은 남을 해치는 일과 위배된다. 그것을 알면서 그 지식에 위배되는 일을 하게 되면 우리는 인간으로서 자신의 본성을 해치게 된다. 이러한 사실을 깨달음으로써 불의를 기피하게 되며 이것이 곧 '영혼을 이끄는 기술Psychagogia'이다.

소크라테스는 앞서 언급한 바와 같이 소피스트와 달리 완전한 지식이 있을 수 있다고 믿었다. 그러나 변증술에 의해서 그 지식에 스스로 도달했다고 자처하지는 않았다. 한편 플라톤Platon은 변증술에 의해 '이데아'의 세계에 도달할 수 있고, 따라서 우리는 완전한 지식을 혹은 진리를 파악할 수 있다고 주장했다. 이것이 그가 소피스트나 플라톤의 입장과 확연히 구분되는 이유다. 그가 보기에 소피스트는 진리란 없다고 주장할 정도로 무지하고, 플라톤은 진리가 파악될 수 있다고 무모하게 주장하는 것으로 인식되었을 것이다.

여하튼 소크라테스에게 변증술은 대화의 기술이자 동시에 삶의 방식이기도 했다. 겸허하고 포용력 있게 그는 선한 삶을 위한 조건들을 이해하고 거기에 순응하는 올바른 방식에 대한 끊임없는 의문을 제기했다. 비록 그가 실제로 '제자들'을 거느린 적은 없지만 적어도 플라톤을 비롯한 당시의 여러 탁월한 젊은이들에게 철학적 삶을 위한 지표가 되었고, 또한 어떤 저술도 남긴 적이 없지만 그의 사상의 핵심은 플라톤에 의해서 계승되고 체계화되었다.

소크라테스의 변증술이 자기 자신과의 대화를 통해서 '지행합일설'로 가장 실감나게 표현된 것은 그가 B.C. 399년 70세의 나이로 기소되어 독배를 마시는 과정이었다고 볼 수 있다. 그는 청년들을 현혹시키고 국가에서 인정하는 아폴로 신을 모독했다는 죄목으로 처형당하게 되자 친지에게서 탈옥을 권유받고 이른바 '도덕적 상황'에 처하게 된다. 여기서 우리는 소크라테스의 철학적 결단의 진수를 목격하게 되며 또한 도덕적 추론의 전형을 찾아볼 수 있다. 그 특징을『변명』과『크리톤』을 중심으로 정리하면 다음과 같다.

첫째, 소크라테스는 어떤 문제에 부딪쳐서 개인적인 감정으로 해결할 것이 아니라 합리적인 근거를 가지고 인간의 보편적인 이성에 입각해서 풀어보려고 했다. 이러한 점에서 그의 접근 방법은 궤변론자들과 뚜렷하게 구분되는데, 이들은 변론술과 수사학을 사용해 때로는 주관적 감정에 호소함으로써 설득 그 자체를 목표로 했으나 소크라테스는 논리적 추론에만 의존해 여기서 도출되는 결론에 집착하지 않았다. 변론술의 목적이 상대를 설득하는 데 있는 반면에 논리적추론의 목적은 지식의 확장과 진리의 발견에 있다는 것을 염두에 둔다면 그 차이가 분명히 드러난다. 물론 소크라테스도 다른 사람과 마찬가지로 아폴로 신에게서 신탁을 구하거나 현명한 사람들의 가르침을 받고 싶어 했다. 그러나 이러한 것에 무조건 가치를 부여하지는 않았으며 논리적 분석과 비판적 고찰을 통해 그 합리성 혹은 보편성 여부를 확인한 다음에야 비로소 받아들였다. 말하자면 주관적인 감정이나 정서에 의지하지 않고 객관적으로 타당한지의 여부만을 심사숙고해 옳고 그른 것을 스스로 판가름하고자 했다는 것이다.

둘째, 소크라테스는 합리성을 근거로 해 자율적으로 판단하고 그 결과에 대해서 스스로 책임지기로 결심했다. 물론 인간이 사회적 동물인 한 완전한 의미로 자율적일 수는 없을 것이다. 가령 관습이나 정치적 및 종교적 권위, 혹은 사적으로나 공적으로 외부의 억압이나 강제에서 우리는 전적으로 자유로울 수는 없다. 그러나 그러한 것들을 어떻게 해석하고 얼마나 받아들일 것인지를 소크라테스는 완전히 자율적으로 결정하기로 한 것이다. 예를 들어서 우리는 흔히 아버지의 명령을 받아들일 수 있다. 그러나 그것이 단순히 아버지의 명령이기 때문이 아니라 스스로 택한 원칙에 입각해서 옳다고 판단하기 때문에 그것을 받아들인다는 것이다. 이러한 점에서 그는 당시의 관행에서 벗어날 뿐만 아니라 어느 시대와 어느 사회에서도 찾아보기 드문 인간의 유형을 보여주고 있다.

셋째, 소크라테스는 죽음과 같은 극한 상황에 임해서도 자기 자신의 이익이나 영달을 위해서 행동하지는 않았고 오직 자기의 행위가 도덕적으로 정당하고 객관적으로 타당한 것인지의 여부만을 물었다는 점이다. 여기서 우리는 이해관계에 얽매여서가 아니라 다만 자신의 의무를 다해야 한다는 윤리적 성찰의 훌륭한 전형을 접하게 된다.

그는 비록 그 결단이 자기에게 엄청난 손해를 끼치고 심지어 목숨을 빼앗아가더라도 과연 그것이 옳다면 과감히 그것을 선택하기로 결심했다. 물론 어떤 경우에 옳은 것과 그른 것이 분명하지 않은 경우가 있고, 분명하더라도 실수해 일을 그르칠 수도 있다. 그러나 소크라테스는 합리적이고도 자율적으로 최선을 다해 옳다고 믿는 것을 스스로 선택하기로 작정한 것이다.

이와 같이 소크라테스는 '합리성과 자율성과 도덕성'이라는 행위의 세 가지 원칙을 정한 다음 자기가 처한 상황에서 적용해야 될 도덕적 의무의 원칙들이 어떤 것인가를 고려했다.

첫 번째 원칙은 다른 사람에게 해를 끼치지 말아야 한다는 것이었다. 그가 이해하기에 법을 어기고 도주하면 국가에 해를 끼칠 뿐만 아니라 국법을 준수하는 다른 사람들을 능멸하는 것이기 때문에 그것은 일종의 가해 행위에 해당한다고 판단했다.

두 번째 원칙은 약속을 어기지 말아야 한다는 것이었다. 그는 아테네 시민으로서 지금까지 권리와 의무를 이행하고 국법을 지키며 살아왔다는 것은 계속 그렇게 하겠다고 국가와 약속을 한 셈이라고 해석했다. 그러나 이제 와서 상황이 불리해졌다고 도피하면 그 약속을 어기는 것이 된다는 것이다.

세 번째 원칙은 부모에게 효도를 다하라는 것이었다. 소크라테스에게 국가는 부모와 같은 것이다. 말하자면 그는 전통적인 유교에서와 마찬가지로 유기체적인 국가관을 가지고 있기 때문에 국법을 어기는 것은 부모에게 불효하는 것과 마찬가지라고 믿었다. 이러한 이유를 들어 소크라테스는 탈옥을 포기하고 독배를 마시기로 결정한 것이다.

소크라테스는 이와 같이 감옥에 갇혀 있는 동안 친구와 제자의 도움을 받아 도주할 수 있었고 편안하게 여생을 마칠 수도 있었지만 이것을 포기하고 죽음을 택했다. 그러한 결단의 근거로 그는 남을 해치지 말 것과 약속의 이행, 효도와 같은 의무를 강조했는데, 그러한 상황에서 그러한 종류의 의무를 적용시키는 것이 과연 타당한 것인지, 또는 그러한 의무에 대한 해석이 적합한 것인지는 별도로 논의의 여지가 있으나 일단 그렇다고 판단한 이상 그가 그것을 지켰다는 사실에 우리는 주목하지 않으면 안 된다. 요컨대 소크라테스는 자기가 죽는 한이 있더라도 자신이 '하고 싶은 일'을 하기보다는 '해야 할 일'을 하기로 결단을 내렸다는 점이 윤리적으로 의미 있고 이것을 논리적으로 정당화했다는 사실, 그리고 그것을 행동으로 옮겼다는 점이 중요한 것이다.

후에 정부 당국에서는 철학을 가르치지 않는다는 조건으로 사면을 제의했으나 소크라테스는 이를 단호히 거절했다. 철학자로서 철학에 진력하지 않는 것은 죽은 것이나 다름없고, 더구나 철학을 가르치는 것은 아폴로 신이 내린 명령이므로 이 명령은 국가의 명령에 우선한다는 것이 그 이유였다.

그러한 이유로 그의 죽음이 일종의 '종교적 순교'라고 해석하는 입장이 있을 수 있다. 그러나 소크라테스는 일반적으로 당시의 종교적 관행에 대해 비판적이지는 않았으나 비교적 냉소적인 편이었고, 비록 그러한 이유를 표면적으로 내세웠다고 하더라도 '신의 그 명령'을 자기 자신이 합리적이고 도덕적인 근거에 입각해서 자율적으로 받아들였다는 것을 의미하므로 역시 '철학적 순교'였다고 해석하는 것이 더 바람직할 것이다.

변명하기보다는 순교를 택하다

소크라테스 이전과 이후

소크라테스가 제시하는 길

3장

소크라테스가
남긴 유산

변명하기보다는 순교를 택하다

소크라테스는 독배를 마시고 '철학적 순교'의 제물이 되었다. 그러나 그는 그 누구보다도 모순과 역설로 가득 찬 인물로 늘 다시 태어난다.

가령 그는 국가의 공동체적 가치관과 신념에 도전하면서도 누구보다 시민으로서 국가에 헌신했으며, 철학을 포기하라는 국법의 명령에 맞서면서도 법치를 존중하고 실정법을 옹호해 회피할 수도 있었던 처형 집행을 받아들였다. 한평생 질문을 던졌을 뿐 남을 가르친 적이 없다고 주장했으나 바로 그러한 가르침 때문에 기소되었고, 말재주가 없다고 고백했으나 뛰어난 연설로 더욱 유명했고, 글쓰기를 거부했지만 그의 언행이 후세에 그 누구 못지않게 광범위한 기록으로 남게 되었고, 소피스트가 아니라고 부르짖었지만 바로 그러한 혐의로 유죄 판결을 받았고, 도덕 철학을 창시했으며 신에게서 부여받은 사명을 수행한다고 주장했으나 청년들을 타락시켰다는 이유로, 그리고 신에 대한 불경죄 혐의로 기소되었다. 이러한 인물을 재판하기란 오늘날에도 결코 쉬운 일이 아닐 것이다.

더구나 당시의 아테네도 단순히 부정과 부패, 불의와 타락으로 가득 찬 무지와 불모의 땅이 아니었다. 아테네는 소크라테스의 철학이 전통적인 질서를 파괴한다고 생각했지만 이와 동시에 표현의 자유를 소중히 여겼으며 민주제를 정착시켰고, 가장 비판적인 인물들에 대해서도 오늘날 한국 사회에서와 마찬가지로 관용을 베풀었다.

무엇보다 소크라테스 같은 피고인들이 국익을 대변하는 500명의 시민들로 구성된 배심원단 앞에서 자기주장을 내세우고 자신의 사명을 설파할 수 있는 사법체계를 확립했다. 판결의 결과가 비록 유죄로 나오기는 했지만 그 내용이 280 대 220이었다는 것은 아테네인들이 얼마나 성숙한 민주시민들이었는지 짐작할 수 있게 해준다. 더구나 소크라테스의 태도에서 지나치게 도발적이고 사변적이며 완고할 뿐만 아니라 오만한 측면이 있었다고 생각하면 평범한 아테네 시민들에게 그 이상의 결과를 기대하기는 어려울 것이다.

콜라이아코J.A. Colaiaco가 『소크라테스의 재판』에서 쓴 표현을 빌리면 소크라테스는 아테네와 그 법정에 대해 변명하고 화해를 시도하지 않았을 뿐만 아니라 자신의 철학적 사명을 분명히 밝히는 과정에서 오히려 아테네인들을 법정에 세웠다. 그는 법정에서 아테네인들을 꾸짖고 훈계함으로써 오히려 변명을 요구했던 것이다. 그런데 그가 이렇게까지 극단적인 태도를 취한 이유는 무엇인가? 그가 변명의 과정에서 억울한 누명을 벗는 데만 관심을 기울이고 '영혼의 정화'라는 명목으로 새로운 도덕적 기준을 내세워 아테네 시민들을 꾸짖지만 않았더라도 죽음을 면하지 않았을까?

소크라테스 이전과 이후

콘포드F. Conford가 『소크라테스 이전과 이후』에서 지적한 바와 같이 소크라테스는 '영혼psyché'이라는 개념을 인간의 사고 체계에 전면적으로 부각시킴으로써 그 이전과 이후의 도덕적 사고에 굵은 선을 그었으며, 인간의 삶을 외면적 출세와 영달이 아니라 내면적 양심과 존엄성에 근거해서 정립할 것을 가르친 인류 최초의 철학자였다. 이 경우 그의 구원은 예수와 달리 내세가 아니라 현세에 있고, 불멸성을 의미하지만 그것이 어떠한 형태로 나타날 것인지 그는 석가처럼 심화할 수도 없었고, 공자처럼 구체화할 수도 없었다. 소크라테스는 자신의 무지 때문에 그러한 문제에 대해 구체적인 답을 갖고 있지 못하다고 고백할 뿐이었다.

그는 내면의 진정한 자아를 발견하기 위해 영혼을 돌봐야 한다고 믿고 모든 타협을 배제했지만, 이러한 방식으로는 아테네인들을 설득시키지 못했을 뿐만 아니라 전통적인 영웅상을 훼손하는 것이기 때문에 오히려 그들의 분노만을 자극한 것이었다. 더구나 그 당시는 아테네가 스파르타에게 궤멸되다시피 한 펠로폰네소스 전쟁이 끝난 직후여서 개인들이 각자 자유롭게 양심의 명령만을 따른다면 국가의 존립 자체가 위협받는 시기였다. 극도의 혼란과 무질서의 상태에서는 강력한 통제와 규범이 필요하고 때로는 희생양을 요구할 경우도 있는 것이다. 결국 소크라테스와 아테네의 대결은 비극적인 국면으로 접어들 수밖에 없었다.

포퍼K. Popper는 『열린사회와 그 적들』에서 "소크라테스의 비판은 민주적인 비판이었다. 아니, 사실은 민주주의의 생명 그 자체라고 할 수 있는 종류의 비판이었다"고 말한다. 그는 이어 "자기비판을 할 수 있도록 시민들을 교육하는 것이 도시국가의 정치를 향상시킬 수 있는 방법"이었다고 주장한다. 그러나 이러한 가르침은 소크라테스의 아테네에서뿐만 아니라 오늘날 어느 사회에서도 쉽게 수용되기 어려운 것이다.

그렇다면 소크라테스의 선택은 무엇이었을까? 우리는 그 해답을 이미 언급한 바와 같이 『변명』에서 개진된 소크라테스의 언명에서 찾을 수 있다.

> 아테네 시민들이여! 나는 여러분을 존경하고 사랑합니다. 그러나 나는 신에게 먼저 복종할 것입니다. 내게 생명과 힘이 있는 한 철학을 실천하고 가르치는 일을 결코 중단하지 않을 것입니다.

이 구절에서 보면 그가 아테네의 시민을 경멸하거나 정치제도 자체를 부정하는 흔적은 없다. 사실 그는 여러 곳에서 아테네인의 위대함과 개인의 자유를 보장하는 정치제도에 대해 찬양하기를 서슴지 않는다. 그러나 그것은 철학적 이상과는 여전히 거리가 멀다.

그런데 아테네는 철학의 실천을 허용하지 않는다. 따라서 아테네의 민주정치와 소크라테스의 철학적 이상이 공존할 뿐만 아니라 모두 승리하기 위해서는 그가 죽음을 택하는 길밖에 없었다. 그에게는 그러한 선택만이 곧 신의 명령에 복종하는 방식이었을지도 모른다. 그리고 동시에 이것이 우리가 소크라테스와 아테네의 비극적 대결에서 얻은 결론이기도 하다.

아마 소크라테스의 재판은 계속 여러 관점에서 다루어지고 또 다양한 결론을 얻게 될 것이다. 한 가지 분명한 것은 소크라테스의 죽음이 모든 영웅들의 죽음처럼 장렬할지언정 슬프지 않다는 점이다. 어느 시대의 그 어떠한 관습이나 실정법도 그러한 거인을 포용할 정도로 충분히 관대할 수는 없기 때문이다.

소크라테스가 제시하는 길

지금까지 살펴본 바와 같이 소크라테스의 가르침은 다른 성인이나 현자들과 다른 데가 있다. 무엇보다 그는 절박하게 길을 묻는 우리들에게 구체적인 그 '길' 혹은 진리가 무엇인지를 제시하지 않는다. 그러나 어떻게 하면 그쪽 방향으로 갈 수 있는지를, 혹은 반대 방향으로 가게 되는지를 구체적으로 제시한다.

야스퍼스Karl Jaspers는 『소크라테스, 석가, 공자, 예수』에서 무엇보다 소크라테스적 사고는 "인간에게 자신을 폐쇄할 수 없게 만든다"고 지적하며 이렇게 말한다.

　그것은 심오한 사고를 거부하는 사람을 용납하지 않는 사고다. 맹목적으로 행운을 믿거나 본능적인 삶에 만족하거나 자신의 이익만을 추구하는 사람의 평안을 깨뜨리는 사고다. 인간의 마음을 열어주고 '개방의 위험'으로 초대하는 사고다.

그는 이어 소크라테스의 영향을 받은 사람은 자유를 확신하고 맹목적인 믿음을 거부한다고 주장하며 이렇게 말한다.

그러한 사람은 도그마에 얽힌 분파주의 대신에 진리의 운동에 참여한다. 인간의 가능성을 밝힘으로써 소크라테스는 타인을 동등하게 대우한다. 그러므로 그는 제자를 원하지 않았다. 또한 같은 이유로 그는 자기 자신에 대해 역설적으로 표현함으로써 자신의 위압적인 인간성을 드러내지 않으려고 노력했다.

소크라테스가 제시하는 길의 특징을 우리는 다음과 같이 세 가지로 정리할 수 있다.

첫째, 소크라테스는 신을 존중하고 준법정신이 강했지만 자기 자신에 대한 의무가 더 중요하다는 것을 보여주었다. 종교나 국가, 그 밖에 모든 것은 자기가 진정한 자아로서 자기답게 존재하기 위해서 필요한 것이다. 그것은 다른 모든 사람의 경우도 마찬가지여야 한다. 여기서 그의 평등사상과 인간존중의 개념이 부각된다.

둘째, 영원하고 불변하며 절대적인 진리는 존재하지만 그것을 파악하거나 획득할 수 있는 능력은 우리에게 없다. 그러므로 대화를 통해서 그쪽 방향으로 접근할 수 있을 뿐임을 강조한다. 이 방법에 의해서 진리에 접근할 뿐만 아니라 영혼의 정화를 도모할 수 있다. 이것은 최선이 아니라 차선을 추구해 선의 본질에 다가가려는 휴머니즘의 표현이기도 하다.

셋째, 대화는 이성에 호소해야 하고 자아의 확립을 전제로 하며 개선된 삶을 실현하기 위한 것이므로 합리성, 자율성 및 도덕성의 실현을 위한 방법이다. 또한 성공적인 대화는 비판적 자세와 개방적인 태도를 요구하므로 어떠한 권위의 존재도 허용하지 않는다. 여기서 대화의 목적이 논쟁의 승패에 있는 것이 아니라 참다운 지식의 함양에 있음을 다시 확인할 수 있다. 만약 이러한 것이 모두 사실이라면 그는 시대와 사회를 넘어서는 현자로서, 특히 민주사회의 바람직한 시민으로서 지녀야 할 덕목을 우리에게 제시하고 있는 것이다.

이러한 소크라테스적 사고와 그가 제시하는 삶의 지혜는 그 당시는 물론 오늘날까지도 비교적 생소한 것이라고 할 수 있다. 문명이 형성되고 문화가 꽃피게 된 것은 주로 인간이 지닌 이성의 산물이라고 할 수 있지만, 그 중에서 대부분은 비판적이고 반성적인 기능보다 체계화하고 정당화하는 독단적 기능이 더 많이 작용한 결과라고 볼 수 있기 때문이다. 그것이 학문적인 측면에서 뿐만 아니라 정치적·도덕적·종교적 측면에서까지 다양한 유형의 권위주의가 광범위하게 등장하는 이유일 것이다. 그러나 서구의 근대 이후에 나타난 계몽주의와 자본주의 경제체제, 자유민주주의 정치제도, 다원주의적 문화구조 등은 비판적 합리성의 표현으로 그 원초적 형태를 우리는 소크라테스적 사고에서 찾을 수 있는 것이다.

그러한 의미로 시대의 구분과 상관없이 우리는 소크라테스를 최초의 근대인이라고 규정할 수도 있다. 우리가 오늘날 새삼스럽게 그를 주목하는 이유도 바로 여기에 있는 것이다. 이제 이어지는 4장에서부터 다양한 주제에 관해 소크라테스적 성찰이 어떠한 것인지 살펴보자.

소크라테스의 가르침은 다른 성인이나 현자들과 다른 데가 있다.
무엇보다 그는 절박하게 길을 묻는 우리들에게
구체적인 그 '길' 혹은 진리가 무엇인지를 제시하지 않는다.
그러나 어떻게 하면 그쪽 방향으로 갈 수 있는지를,
혹은 반대 방향으로 가게 되는지를 구체적으로 제시한다.

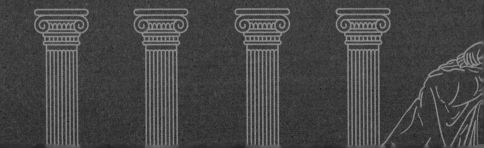

4장

대화의 정신과
진리의 발견

대 화 를 나 눈 다 는 것 의 의 미

요즈음 갑자기 '대화'라는 말이 많이 쓰이고 있다. 대화의 필요성이 그만큼 더욱 절실해졌다는 증거일 것이다.

잘 알려진 바와 같이 우리는 과학기술시대를 살아가는 현대인일 뿐만 아니라 동서와 고금의 인류 문명이 집약된 격동의 한반도에서 격랑의 운명을 개척해나가는 한민족의 일원이며, 분단된 조국에서 급격한 산업화와 민주화를 통해 새로운 가치를 창출하고 있는 한국의 국민이기도 하다. 이러한 혼란의 소용돌이 속에서 서로 의견이 상충하고 때로는 물리적 충돌을 빚어내기도 하는데, 이것을 될 수 있으면 대화로 풀어보려고 시도하는 것은 오히려 당연한 현상이라고 해야 할 것이다.

그러나 우리는 대화의 중요성과 절박성에 비해 그것이 무엇인지, 어떻게 대화에 임하는 것이 바람직한지에 대해서는 별로 신경을 쓰지 않는 것 같다. 흔히 대화가 허울 좋은 명분에 그치고, 때로는 어떤 문제가 대화라는 방법을 통해서는 결코 해결될 수 없다는 결론에 이르는 것도 바로 이 때문일 것이다.

대화對話, dialogue란 문자 그대로 상대방과 마주 앉아서 이야기를 나눈다는 뜻이다. 그렇다면 우리가 시간과 정력을 허비해가며 다른 사람들과 의견을 나누는 이유는 무엇일까? 물론 구체적인 문제를 의논하지 않고 한가롭게 앉아서 농담을 주고받는 대화도 있다. 스승과 제자 사이에, 혹은 아버지와 자식 사이에 가르침이나 교훈을 전하기 위한 방법으로써의 대화도 있다. 그러나 대부분의 경우 대화를 한다면 대등한 입장에서 서로 다른 의견을 확인하고 또 조종하는 데 그 의의가 있을 것이다. 만약 모든 사람들의 의견이 같다면 대화를 나누는 것보다 더 무의미한 일은 없을 것이다. 더구나 서로 다른 의견을 확인하는 정도에서 머문다면 구태여 마주 앉아서 대화를 할 필요가 어디 있을까.

대화의 진정한 의미는 서로 합의된 결론에 도달하려는 노력에서 찾을 수 있다. 그러므로 대화에 임하기 전에 우리는 자기의 의견이 틀릴 수도 있고, 더구나 그것이 절대적 진리는 아닐 수 있다는 겸허한 마음가짐을 가져야 하며, 어느 정도 양보할 용의도 갖추고 있어야 한다. 사실 타협할 의도가 전혀 없는 사람들끼리의 대화는 합의에 도달하기는커녕 오히려 이견을 심화시키고 적대감을 가중시킬 뿐이다. 대화에서 자기의 의견이 소중한 만큼 남의 의견도 소중하다는 사실을 강조하는 이유도 바로 여기에 있을 것이다.

대화를 진행시켜나가는 과정에서 가장 중요한 것은 자기가 가지고 있는 견해가 무엇인지 정확히 파악하는 것이다. 보통 우리는 자기가 무슨 생각을 하고 있는지 잘 알고 있다고 믿는 경향이 있다. 물론 다른 사람의 생각을 아는 것보다는 더 잘 알고 있을 것이다. 그러나 곰곰이 생각해보면 자기가 잘못된 견해를 가지고 있다고 판단되는 경우도 결코 드문 일은 아니다. 이러한 경우에는 상대방과 의견의 일치를 보았다고 해도 소용없는 일이다. 그러므로 섣불리 대화를 나누다 보면 엉뚱한 결론에 도달하는 경우가 있고, 심지어 자기가 원하지 않는 것을 막무가내로 고집하는 사태도 생긴다. 다른 사람과 대화하기 전에 자기 자신과의 대화를 통해 먼저 생각을 잘 다듬어야 하는 것이다.

대화에서 그다음으로 중요한 것은 남의 의견을 경청하고 그것을 제대로 이해하는 일이다. 여기서 특히 주의해야 할 것은 대화의 수단이 언어라는 형식을 취한다는 사실과 상대방에 대한 선입견에서 가능한 한 벗어나 있어야 한다는 점이다. 언어를 구사할 수 있는 능력은 물론 인간에게만 주어진 특권이지만 이것을 잘못 사용하면 의사소통하는 것조차 불가능하게 만든다. 예를 들어 우리는 '자유', ' 정의', ' 민주', ' 인권' 등의 표현들을 자주 쓰지만, 그것들이 구체적으로 무엇을 의미하는지 서로 이해하지 못할 때 대화는 계속 이어질 도리가 없다. 상대방의 입장을 정확하게 파악하기 위해서라도 우리는 먼저 어떤 어휘들이 어떤 맥락에서 어떤 뜻으로 쓰이고 있는지 가늠해두지 않으면 안 된다.

이와 관련해서 반드시 유의할 것은 상대가 누구이며 어떤 지위에 있는지를 너무 의식해서는 안 된다는 점이다. "학생이 뭘 안다구…", "여당 당원이니까 뻔한 소리 아닌가…", "군인이 뭘…", " 연예인인 주제에…" 등의 표현이 나오면 대화가 시작되기 전에 이미 끝나 있음을 나타내고 있는 것이다.

소크라테스식 대화의 정신

어느 문화권에서나 인간이 언어를 구사하기 시작하면서 이미 대화는 시작되었다고 할 수 있다. 그러나 엄격한 의미로 우리는 대화의 기원을 고대 그리스문화에서 찾을 수밖에 없다. 잘 알려져 있는 바와 같이 신화의 시대에는 신들과 영웅들을 주제로 한 이야기가 중요한 언어의 형태였다고 할 수 있다. 이 경우 주로 운문을 표현의 수단으로 했고, 여러 신들과의 관계나 신들의 의지를 성공적으로 수행하는 영웅들의 이야기가 주류를 이루었으며, 의사소통을 할 때도 이성적 사유보다는 감정과 정서에 호소하는 경우가 많았다.

그러나 상업문화의 발달로 교류가 활발해지고 사람들의 위상이 높아짐에 따라 신들보다는 다른 사람들과의 관계가 더 중요해졌고, 사유와 언어의 형태도 다른 양상을 띠기 시작했다. 다른 사람과 의사소통하는 것이 삶의 전반에 걸쳐 더 비중 있게 부각되면서 언어의 기능은 주로 자신의 의사를 상대방에게 전달하는 수단으로 활용되었다.

상업 활동이 보편화됨에 따라 정치 형태는 점점 더 개인의 존재감을 부각시키는 민주정치로 제도화되었고, 이러한 정치 양식은 언어를 대화와 설득의 방식으로 발전시켰다. 잘 알려져 있는 바와 같이 '민주주의democracy'란 다수의 국민demos에 의한 통치cratos를 말한다. 이것이 가능하려면 의견을 모으는 과정이 필요한데, 그것이 곧 대화이며 이 방법을 통해서 상대를 설득시키거나 논증을 통해 자기 의견의 정당성을 입증해야 한다.

만약 이것이 사실이라면 민주정치는 언어가 권력의 원천이 되고 대화가 제대로 작동함으로써 비로소 성립되는 정치제도라고 할 수 있다. 물론 현실적으로 여전히 금력과 폭력이 위력을 발휘하고 각종 인맥이 영향을 주지만 이러한 것이 표면화되어서는 안 되며, 또한 그렇게 되어서도 안 되는 제도라는 것이다.

더구나 이 시기에 음성문화는 문자문화로 점차 이행한다. 이러한 상황을 운문형태에서 산문형태로 변화하는 시기라고 할 수도 있는데, 이것은 단순히 표현의 수단이 바뀌는 것을 의미할 뿐만 아니라 새로운 사유형태의 도입을 의미하는 것이기도 하다. 운문으로 정서에 호소해 상대방을 감동시키고 공감대를 넓혀가는 방식이 아니라, 기록으로 남아 있는 산문형태의 자료에 의해서 객관적으로 존재하는 사실을 밝혀내고 이것을 근거로 해서 논증을 펼치는 것이다. 또한 이 논증이 다시 기록으로 남아 있게 됨으로써 자기가 한 말에 책임을 지는 형태로 사유하도록 강요된다는 것이다. 이러한 상황이 아니라면 철학에 관한 소피스트들의 논변, 의학에 관한 히포크라테스Hippocrates의 문헌, 역사에 관한 투키디데스Thucydides의 사료, 페리클레스의 연설문 같은 것은 구성되거나 창출되지 못했겠지만 지금까지 남아 있지도 않았을 것이다.

이와 같이 그리스 문화가 남긴 찬란한 지적 유산 중에서도 대화의 가장 완벽한 형태는 역시 플라톤의 『대화록』에서 찾을 수 있다. 특히 여기서도 역사적 소크라테스의 인물과 사상이 가장 많이 담겨 있는 『변명』,『크리톤』,『파이돈』 등이라고 할 수 있을 것이다.

이미 지적한 바와 같이 그는 감정과 직관과 영감이 지배하던 신화의 시대에서 언어의 비중이 운문형태에서 산문형태로 변화하던 시기에, 그리고 다수가 정치 현실에 참여해 선동적인 연설과 변론술과 논증술로 상대방을 제압하고 권력을 쟁취하고자 하는 민주주의 정치 체제에서 당시의 대표적인 지식인의 한 사람으로 등장한 인물이었다. 그는 다른 현자들과 달리 대등한 입장에서 대화를 통해 사람들에게 질문만을 계속 던짐으로써 스스로 진리에 가까워지고 합리적으로 사고하며 그렇게 실천하도록 도왔을 뿐이다.

소크라테스는 영원하고 불변하며 절대적인 진리가 있을지도 모르지만 인간에게 그것을 파악하거나 획득할 능력은 없다고 믿었다. 그러므로 그는 다만 대화를 통해서 우리는 그쪽 방향으로 접근할 수 있음을 보여주려고 한 것이다. 이 방법으로 진리에 접근할 수 있을 뿐만 아니라 영혼의 정화를 시도하고 동시에 바람직한 삶을 살아갈 수 있다고 그는 확신했던 것이다.

이와 같이 소크라테스는 대화를 통해서만 상대방을 설득할 수 있고, 인식의 한계와 인간의 조건을 극복할 수 있으며 초월적인 영역으로 진입할 수도 있음을 보여주었다. 사실 대화의 정신만이 우리를 정치적인 권위나 윤리적인 권위, 지적인 권위와 종교적인 권위 등 그

밖에 어떤 종류의 권위에서도 자유로울 수 있다는 것을 보여준 셈이었다. 성공적인 대화는 개방적인 태도와 비판적인 자세를 요구하므로 어떠한 권위도 무조건적으로 혹은 무비판적으로 허용해서는 안 되기 때문이다.

또한 대화는 이성에 호소해야 하고 구체적인 자아의 확립을 전제로 하며 개선된 삶을 실현하기 위한 것이므로 소크라테스는 그것이 합리성과 자율성을 확립하고 도덕성을 실현하기 위한 방법이기도 함을 보여준다. 여기서 우리는 대화의 정신이야말로 많은 사람들이 서로 소통할 수 있는 통로이며 사회 통합으로 가는 지름길인 동시에 민주사회의 바람직한 시민이 되기 위한 가장 근원적인 덕목임을 어느 정도 짐작할 수 있는 것이다.

대화로 독선의 오류에서 벗어나기

코끼리와 장님에 관한 우화가 있다. 불교의 경전인 『열반경』에 나오는 이야기다. 옛날 인도의 경면왕이 장님 여러 명을 불러놓고 손으로 코끼리를 만져 본 후 자기가 알고 있는 것에 대해 말해보라고 했다. 제일 먼저 상아를 만져본 장님이 "폐하, 코끼리는 열무같이 생긴 동물입니다"라고 하자, 귀를 만졌던 장님은 "아닙니다. 코끼리는 곡식을 까불 때 사용하는 키와 같습니다"라고 말했다. 옆에서 다리를 만진 장님은 이를 듣고 큰소리로 "둘 다 틀렸습니다. 제가 보기에 코끼리는 마치 커다란 절굿공이같이 생긴 동물입니다"라고 주장했다. 이번에는 꼬리를 만져본 장님이 "새끼줄 같습니다"라고 말했다.

우리는 이 이야기에서 흔히 어떤 사물이나 현상에 대해 한 측면만 알고 전체를 다 이해한 것처럼 착각해서는 안 된다는 교훈을 얻는다. 그러나 이러한 교훈이 의미가 있으려면 누군가가 어떤 사물의 실체를 온전하게 알고 있어야 한다. 말하자면 코끼리가 어떻게 생겼는지 알고 있는 사람만 다른 사람들의 지식이 부분적이거나 편견에 사로잡혀 있다고 말할 자격이 있는 것이다. 제한된 지식을 가진 사람들끼리 끝없는 논쟁을 벌인다는 것은 성과 없는 소모전에 불과한 것이기 때문이다. 그렇다면 이러한 한계를 극복할 수 있는 방법은 무엇인가?

우선 우리는 존재의 진리를 온전히 깨달은 사람이나 완전한 존재인 신에게 계시를 받은 사람한테 가르침을 얻을 수 있다. 그러나 대부분 그들의 가르침은 너무 깊어서 이해하기 어렵고 모호한 점도 있어서 여러 가지로 해석되는 경우가 많으며, 더구나 오해되는 경우도 적지 않다. 그야말로 장님이 코끼리 만지듯 이 가르침들을 자기의 관점에 따라 편의대로 해석하는 경향이 있다는 것이다. 특히 여기서 문제가 되는 것은 각자 자기가 이해한 것이야말로 완전한 진리라고 생각하기 때문에 다른 사람들과 타협의 여지를 두지 않는다는 점이다.

이러한 경우에는 오류를 범할 뿐만 아니라 독선에 빠질 이중의 위험을 안고 있다는 사실을 의식할 필요가 있다. 더구나 자기와 의견이 다른 사람들을 사악한 무리로 규정하는 문제를 낳는 경향도 있는 것이다. 이와 같이 깨달음이나 계시가 진상에 다가가는 가장 좋은 방법

임에도 불구하고, 이러한 한계가 있기 때문에 그것이 누구에게나 열려 있는 것은 아니라는 문제가 있다. 그러므로 비록 최선의 방법은 아니지만 진상에 가까이 다가가는 방법으로 대화라는 방법을 택하게 된다.

대화는 우리 중에 아무도 코끼리에 대해서 완전히 알 수 없기 때문에 차선으로 채택된 소통의 한 방법이다. 말하자면 장님들끼리 서로 자신이 이미 알고 있는 부분적인 정보를 나눔으로써 코끼리에 대해서 좀 더 객관적인 지식을 얻어 보려는 노력의 한 형태인 것이다. 그러므로 참여자들 중에 어떤 사람이 자기가 '경면왕'이나 된 것처럼 다른 사람들을 '장님'으로 취급한다면 진상에 다가갈 수 없을 뿐만 아니라 대화를 중단시킴으로써 그 가능성조차 원천적으로 차단할 수도 있다.

사실 장님에 관한 이 이야기의 진정한 의미는 우리 중에 장님이 있다는 것을 우화적으로 전하는 데 있는 것이 아니라 어떤 의미로는 우리 모두 장님들이라는 사실을 깨닫게 하는 데 있을 것이다. 그리고 그 깨달음은 코끼리에 관한 정보를 좀 더 많이 확보함으로써 얻을 수 있는 것이 아니다. 여기에는 우리가 아무리 많은 지식과 정보를 가지고 있다고 해도 사물과 현상의 실상을 파악할 수는 없다는 사실, 즉 소크라테스적 '무지'를 깨닫게 하는 데 그 참뜻이 있는지도 모른다.

사실 소크라테스는 플라톤과 달리 대화를 통한 변증술로 우리가 반드시 진리에 도달할 수 있다고 믿지 않았다. 그러나 대화에 성실하게 임할수록 그만큼 우리는 '로고스Logos(이성, 사유, 논리)'를 더욱 선명하게 드러내고 사물의 본질과 현상의 구조를 좀 더 심도 있게 파악할 수 있으며, 따라서 도덕성을 함양할 수 있을 뿐만 아니라 영혼의 정화를 도모할 수도 있다고 그는 믿은 것이다.

성실한 대화로 진리에 다가서기

중국의 고전인 『열자』와 『한비자』에는 코끼리에 관한 또 하나의 이야기가 있다. 사람들이 땅을 파보니 거대한 동물의 뼈 조각들이 발굴되었는데, 그것이 무슨 동물의 뼈인지 알 수 있는 사람이 아무도 없었다. 그 뼈들을 조립해보아도 여전히 답은 나오지 않았다. 뼈가 그러한 형태인 동물을 보았거나 지식을 가진 사람이 없었기 때문이다. 결국 사람들의 의견을 모아서 한 마리의 동물을 상상해보았는데 그것이 바로 나중에 '코끼리'로 알려진 것이었다. 그것이 '상상想像'이란 단어 속에 코끼리 '상象'자가 들어가게 된 이유라고 한다.

우리는 제한된 감각적 경험과 이에 근거한 대화와 추론, 그리고 어느 정도의 상상력을 동원해 결국 사물에 관한 실체에 접근한다. 그러나 우리가 지닌 인식의 한계 때문에 이러한 방법을 모두 동원한다고 하더라도 실체 그 자체를 파악하는 것은 아니다. 그런데 이들 중에 어떠한 방법에 더 큰 비중을 두는지에 따라 진상은 그 코끼리처럼 다른 모습을 드러낸다. 가령 과학과 종교, 도덕과 예술 등이 그 좋은 예가 될 것이다.

그러나 어떠한 경우이든 성실한 대화는 우리를 진리와 실상으로 좀 더 가까이 인도할 것임이 틀림없다. 이것이야말로 소크라테스가 누누이 강조한 점이며, 그가 소피스트나 플라톤과 차별화되는 진정한 이유일 것이다. 대화는 매우 비효과적이고 가장 느린 방법일지 모르지만 더욱 많은 사실에 직면하게 하며 가장 확실하게 우리를 좀 더 높은 차원의 진리로 다가가게 할 것이다.

지식의 확장을 추구해온 인간

소크라테스식 무지의 극치

완화된 회의주의가 등장한 배경

합리적이고 비판적인 정신

5장

지식의 확장보다
앞서는 무지의 자각

지식의 확장을 추구해온 인간

인류 역사상 인간이 오늘날과 같이 많은 것을 알게 된 적은 없었을 것이다. 그것은 뒤집어서 생각하면 이제 우리에게 모르는 것이 그만큼 줄어들었다는 것을 의미한다.

그동안 우리가 이미 알고 있는 것에 그냥 만족해 있었다면 이러한 성과를 거두기는 불가능했을 것이다. 공자나 아리스토텔레스 Aristoteles가 지적했듯이 지적 호기심을 충족시키는 것 그 자체가 즐겁기 때문이든, 좀 더 편리하고 안락한 삶을 추구하기 위해서이든 우리는 그동안 끊임없이 지식을 추구해왔고, 오늘날 그것을 어느 정도 성취하고 또 활용하게 된 것이다. 프로메테우스가 인간에게 불을 전해준 이후 이제 우리는 그리스의 신들이 놀랄 정도로 엄청난 성과를 거두었다고 말할 수 있다.

그러나 한편 우리는 지금 우리가 알고 있는 것에 결코 만족하는 것 같지 않다. 세계와 자기 자신에 관해 알면 알수록 더 많이 알고 싶고, 그것을 응용해 생활이 편리해질수록 오히려 더 편리해지기를 바라고 있으니 말이다. 아마 이것이 지식과 행복이 정비례해서 증진되는 것은 아닌 이유라고 해도 좋을 것이다.

여기서 우리는 지식을 계속 확장하는 것이 과연 바람직한 것인지에 대한 의문을 갖게 된다. 감당하기 어려운 지식을 무분별하게 남용하는 대신 이미 알고 있는 것을 다시 음미하고 그것이 의미하는 것을 반추해볼 필요가 있다는 것이다. 더 나아가 우리가 지니고 있는 명백한 무지無知에 관해 성찰함으로써 그것을 체계적이고 구체적으로 줄여가도록 노력하는 것이 더 바람직한 것이 아닌가 하는 생각을 해보게 된다.

유네스코UNESCO에서 '철학 포럼'을 개최하고 저명한 철학자들의 견해를 모아 『우리가 모르는 것What We Do Not Know』이란 소책자를 발간한 적이 있다. 이 책의 서문에서 유네스코 사무총장이던 마이어 Federico Mayer는 우리가 "계산하기와 읽기와 쓰기를 배우면서, 말하자면 총명과 기억 속에서 산화된 것들을 모두 배우면서 그동안 잃어버린 것을 복구하려는 것"이 목적이라고 지적했다. 그는 또한 여러 학문들이 국제적으로 협력함에 있어서 역설적으로 그만큼 무지의 영역이 증대되고 있다는 사실을 의식하는 것이 중요하다고 역설했다. 그것은 이른바 '지식의 성전'에서 어떤 대가를 치르더라도 그것을 확장하는 것이 능사가 아니라는 것을 함축하기도 한다. 우리가 지식 못지않게 무지에 관해서도 관심을 갖고, 진지한 자세로 그것을 탐구하는 자세로 임해야 하는 이유가 바로 여기에 있다.

소크라테스식 무지의 극치

그리스 신화에 따르면 올림포스의 신들과 티탄 족이 싸울 때 티탄 족에 속하는 프로메테우스가 제우스를 도와서 큰 공을 세웠다고 한다. 그 대가로 그는 만물을 창조하는 임무를 맡게 되었는데 너무나 바쁜 나머지 인간을 제대로 돌볼 틈이 없었다. 그동안 일을 거들던 동생 에피메테우스가 다른 동물들에게 모든 능력을 나누어주었던 것이다. 그 결과 인간은 똑바로 서서 걸을 수 있을 뿐, 사자처럼 빨리 달릴 수도 없고 독수리같이 날카로운 발톱도 없고 거북이처럼 단단한 등껍질도 없으며, 다른 짐승들처럼 몸을 가릴 털가죽도 없는 나약한 존재가 되고 말았다. 프로메테우스는 이러한 처지를 딱하게 여겨서 하늘에 올라가서 불을 훔쳐다가 인간에게 주었던 것이다.

프로메테우스가 인간에게 불을 전해주었다는 것은 넓은 의미의 '지식'을 전해준 것이라고 해석할 수 있다. 그가 전해준 불씨가 점점 크게 점화되어 마침내 원자력을 비롯한 각종 에너지로 발전했으며, 그것을 확대 해석하면 간단한 원시적 점화의 방법에서 오늘날의 첨단과학기술로 진화했다고 볼 수도 있기 때문이다. 영국의 시인 바이런G. G. Byron은 프로메테우스를 찬양해 이러한 시를 남겼다.

티탄이여!
인간의 현실이 아무리 비참하다고 하더라도
신들이 함부로 능멸하지 못하게 했던

불멸의 눈을 가진 이여!

그 연민의 보상은 무엇이었던가!

침묵의 격한 괴로움, 바위, 독수리, 그리고 쇠사슬.

그것은 굽힐 줄 모르는 자가 받는 괴로움의 전부일 뿐.

보이지 않는 번민, 숨 막힐 듯 슬픈 사념.

그대, 신으로서의 죄목은

인간에게 애정을 가졌던 일이었다.

그것은 그대가 건네준 지식으로

인간의 비참함을 줄여주고

인간을 자신의 힘으로 강화시킨 일이었다.

프로메테우스는 인간에게 나약한 짐승의 지위를 벗어나서 만물의 영장으로 변신할 수 있는 계기를 마련해주었다. 마침내 그는 아킬레우스를 비롯한 호메로스의 영웅들을 탄생시키는 데 결정적인 역할을 하기도 했다. 그러나 그는 인간이 그 '불' 혹은 '지식'을 단순히 편리한 삶뿐만 아니라 인간으로서 좀 더 바람직한 삶을 살 수 있도록 가르쳐주었는가? 우리가 아는 것이 많아짐에 따라 그만큼 모르는 것도 더 많아지며 삶이 더욱 위태로워질 수 있다는 그 역설을, 지식의 확장보다 무지에 대한 자각이 오히려 우리의 삶을 풍요롭고 고귀하게 만들 수 있다는 그 진리를 설파한 적이 있는가?

아마 프로메테우스는 '무지의 자각'이라는 지혜를 인간이 스스로 터득할 수 있도록 숙명적 과제로 남겨두고 싶었는지도 모른다. 그리고 그것은 잘 알려져 있는 바와 같이 후에 소크라테스가 인식하고 실천에 옮겼으며 철학적 사명으로 승화되기도 했다. 그는 델포이의 아폴로 신전에 새겨져 있던 "너 자신을 알라"란 경구를 '무지의 자각'이라는 맥락에서 이해했을 뿐만 아니라 그것을 다시 영혼의 정화를 통해서 바람직한 삶을 살 수 있는 단초로 삼았던 것이다. 자기 분수를 알고 신 앞에서 겸허한 자세를 취하라는 뜻뿐만 아니라 세속적 영달보다는 내면적 성찰의 삶을 사는 것이 참으로 소중함을 가르쳤던 것이다.

플라톤의 대화록 중에 『라케스』는 소크라테스가 생존해 있을 때 썼을 것이라는 추측이 나올 정도로 사실적으로 묘사되어 있고, 그가 인간의 태도를 탐구하는 방식도 매우 선명하게 드러나 있다. 오로지 질문하는 자로만 남아있어서 질문을 던지고는 그에 대한 대답을 음미할 뿐 그 자신은 어떤 주장도 내놓지 않는다. 이것이 바로 '소크라테스적 무지'가 가장 잘 드러나는 현장의 모습이다.

이러한 무지의 극치는 대화가 아무런 결론도 없이 끝난다는 점에 있다. 가령 『변론』에도 잘 나타나 있듯이 다음과 같은 결론에 이르는 것이다.

사실 우리 중에 어느 쪽도 참된 것을 알고 있지 못한 것 같은데도, 이 사람은 제대로 알지도 못하면서 무언가를 안다고 생각하지만, 나는 실제로 아는 것이 없듯이 아는 것이 없다고 생각하니까 말이지….

그러나 이러한 무지의 독백 안에서 우리는 영원하고 불변하는 참다운 지식의 갈구를 엿볼 수 있다. 끊임없이 펼쳐지는 부정적인 질문 뒤에는 긍정적이고도 보편성을 띤 답변이 예상되기 때문이다.

가령 '용기란 무엇인가'라는 질문은 언뜻 아주 단순하게 들리지만 대단히 중요하다. 그것은 이런 경우나 저런 경우의 용기에 대한 질문이 아니라 보편적인 의미의 용기에 관한 질문이며, 일찍이 어떠한 문화권에서도 그러한 의미의 질문이 던져진 적이 없는 것으로 알려져 있다. 대개 어떤 사물이나 현상에 대한 답변은 다른 사물이나 현상과의 비교를 통해 어느 정도 구체화되었을 뿐이다.

소크라테스의 질문은 그러한 정도의 답변을 기대하는 것이 아니기 때문에 곧 다른 질문이 뒤따라온다. '지극히 다양한 행위들에 있어서 동일하게 통용되는 용기라는 것이 도대체 있기나 한 것인가?' '만약 그것이 사실이라면 그러한 보편성을 지닌 용기 그 자체를 어디에서 찾을 수 있는가?' 여기서 우리는 관념과 언어의 문제에 부딪치게 된다. 각양각색의 다양한 행위들을 하나의 동일한 현상으로 묶으려면 그것을 개념화하는 사유 작용이 요구되며, 또한 그것을 전달할 수 있는 어휘가 필요한 것이다. 그런 과정을 거쳐서 결국 관념과 언어의 보편성에서 '보편'이라는 현상이 그 모습을 드러낸다는 것이다.

소크라테스는 친구인 라케스Laches 장군에게 '빠름'이라는 모든 현상에 '이름 붙일onomazein' 수 있듯이 용기도 같은 방식으로 정의할 수 있는지 묻는다. 물론 여기서 언어와 보편의 관계만을 다루지만 플라톤은 후에 그 보편에 존재론적 의미를 부여한다. 그러나 현대에 들어와서 이른바 '언어적 전환'이 이루어진 후에야 이 보편은 언어의 문제로 전환된다.

완화된 회의주의가 등장한 배경

우리가 무엇을 안다고 할 때는 그것 외에 다른 것에 대해서는 모르고 있다는 것을 의미한다. 후에 이것에 대해서 어느 정도 알게 될 수 있겠지만 결국 궁극적 진리에 도달할 수 있을지는 확신할 수 없는 일이다. 소피스트들은 그러한 진리는 존재하지 않는다고 믿었다. 크세노파네스Xenophanes는 우리가 노력을 한다면 무지의 정도를 줄일 수 있다고 생각했다. 소크라테스는 자기가 알고 있는 것은 아무것도 모른다는 점뿐이라고 말한 바 있다. 그러나 지식은 가능하고 그렇기 때문에 자신은 그것을 추구한다는 신념을 가지고 있었다. 이와 같이 이들은 지적 탐구와 학문의 가능성에 대해서 열린 태도를 가지고 있었던 것이다.

엘리스의 피론Pyrrhon은 회의주의를 자신의 철학적 입장으로 선언하고, 무엇이든 믿는 것을 전면적으로 거부한 사람이었다. 그는 알렉산드로스 대왕의 병사였는데 원정길에 수많은 곳을 수행했으며, 심지어 인도에까지 다녀온 일도 있었다고 한다. 그렇게 여러 나라와 민족을 살펴보았기 때문에 피론은 사람마다 의견이 다르다는 사실에 깊은 인상을 받았다. 이곳의 사람들이 어떤 것을 믿을 때 다른 곳에서는 다른 것을 믿는 사람들이 있었던 것이다. 그리고 대부분 논쟁은 양쪽 모두가 똑같은 수준의 타당성을 주장하는 데서 비롯되었다.

어쩌면 피론에게만 그렇게 보였을 수도 있다. 여하튼 이런 경우에 무리하게 합의를 도출하려고 애쓰지 말고 현상을 있는 그대로 받아들일 필요가 있다. 결국 각자의 의견들은 변하기 마련이므로 그중에서 가장 좋은 것을 고집하지 말고 자연스런 흐름에 맡겨둘 필요가 있다는 것이다.

필로스의 티몬Timon은 피론의 제자로서 피론의 입장을 좀 더 세련되게 다듬었다. 특히 그는 모든 논의나 증거가 그 자체로 확고하지 않은 전제에서 나온다는 사실을 지적했다. 다른 논변이나 증거를 통해 이 전제들이 참이라는 것을 증명하려 할 때 이것들은 또 다시 어떤 증명되지 않은 전제에 기초하기 마련이다. 그리고 이러한 시도는 영원히 되풀이될 것이다.

티몬을 계승한 아르케실라오스Arcesilaos는 아카데메이아를 이끌며 그 후 200여 년 동안 회의주의를 주도했다. 회의주의는 무지에 대한 자각이란 측면에서 철학사에 매우 주요한 역할을 담당해왔다. 철학에서 시도되는 확실성의 추구가 논쟁이나 증명 혹은 증거에 의해서는 완결되지 않기 때문이다. 가령 타당한 논증이 보여주는 것은 결론이 전제에서 논리적으로 도출된다는 것이지 그것이 참임을 증명하는 것은 아니다.

타당한 논증들은 '만약'이라는 말로 시작한다. "만약 p가 참이면 q는 참일 수밖에 없다"는 형식이다. 그러나 이러한 형식은 p가 참인지 거짓인지를 말해주지 않는다. 논증은 전제에서 결론이 나오는 것을 보여줄 뿐 그 자체만으로는 그것의 진위를 증명하지 못한다. 따라서 전제가 참임을 확인하려면 다른 논변이 필요하고, 이러한 형식은 영원히 진행된다. 이것은 일상생활이나 논리학, 수학, 과학에서도 마찬가지다. 그렇다고 해서 어떤 신념체계가 다른 신념체계보다 더 나은 근거나 토대를 가지고 있다는 결론이 나오는 것도 아니다. 어떤 의미로 철학사는 이러한 논쟁의 역사였다고 말할 수도 있다.

서양철학사를 통해서, 특히 뉴턴을 중심으로 근대 과학이 등장한 이래 흄David Hume은 무지를 가장 절실하게 자각하고 이에 대처할 방안을 마련한 철학자라고 할 수 있다. 그는 무엇보다 우리는 삶을 영위해야 하며 그렇게 하기 위해서는 일상적으로 무엇을 선택하고 결정하지 않으면 안 된다는 것을 지적한다. 그러나 확실성을 충분히 확보하지 못하기 때문에 현실에 직면해서는 될 수 있으면 가장 타당한 것을 선택해야 한다. 물론 이것은 회의주의에 대한 해결책은 아니다. 그러므로 흄이 주장하듯이 회의주의는 완화될 필요가 있다. 우리는 완전한 회의주의자로서 살아갈 수는 없기 때문이다.

회의주의를 극복하는 방법 중에 하나는 종교적 신앙을 갖는 것이다. 논증의 방법에 의해서가 아니라 직관이나 계시, 혹은 교리에 의해서 확실성을 확보했다고 믿는 것이다. 그러므로 무지의 자각은 항상 종교적 신념과 갈등을 일으키는 경향이 있다. 가령 섹스토스 엠피리코스Sextos Empiricus는 『피론주의의 개관』이라는 저서를 통해 이른바 '독단론자들'과 대립해 회의주의의 확산에 공헌했는데, 기원후

4세기경 성 그레고리우스Gregorius는 '나쁜 악성 질병'을 퍼뜨렸다는 이유로 그를 공개적으로 비난했다.

이와 같이 종교적 독단이 지배하는 상황에서는 근원적으로 의문을 제기하거나 본질적인 문제에 대해서 회의를 품는 것은 바람직한 것이 아니었다. 따라서 실제로 확실하지 않은 것에 대해서 확신을 갖는 경향이 생겼으며, 인간으로서 현실적으로 모르는 것이 무엇인지에 대해서도 진지하게 큰 관심을 쏟으려 하지 않았다. 그러한 관심은 근대과학이 등장하면서 과학적 탐구의결과가 종교적 진리와 상충함으로써 구체화된 것이다.

현대철학에서 상충의 문제는 새로운 언어관과 과학관이 등장하면서 화해의 국면을 맞이했다. 새로운 언어관은 비트겐슈타인L. Wittgenstein을 중심으로 형성된 의미의 '활용설'이다. 이 입장에 따르면 어떤 언어적 표현은 그것이 어떤 맥락에서 어떻게 활용되는지에 따라 그 의미가 결정된다. 종교적 언어와 과학적 언어는 활용되는 '언어게임'이 다르므로 서로 대립되거나 상충할 이유가 없다. 한편 새로운 과학관은 주로 포퍼K. Popper가 제시한 것으로, 과학적 지식은 일종의 경험적 가설일 뿐 종교적 교리와 달리 영원하고 불변하는 형이상학적 진리임을 자처하는 것은 아니라는 입장이다. 이러한 입장들의 저변에는 흄을 연상하게 하는 이른바 '완화된 회의주의'의 분위기가 있다. 그것을 달리 표현하면 소크라테스적 '무지의 자각'이 새삼스럽게 과학기술의 시대인 현대의 철학에서 부활하고 있다는 것이다.

합리적이고 비판적인 정신

현대철학에서 로크나 흄의 역할을 수행했던 포퍼는 스스로 자신의 '비판적 합리주의'가 소크라테스적 무지의 자각을 계승한 것이라고 선언한 바 있다. 원래 물리학자가 되고 싶었던 그는 아인슈타인의 업적에 깊은 충격을 받았다. 포퍼는 뉴턴 과학에 따른 확증이 참이 아니라면 어떠한 과학 이론도 진리가 될 수 없다는 사실을 깨달았다. 과학의 법칙들은 존재의 세계에 대한 절대 불변의 진리가 아니라 이론 체계이며 그것은 한낱 인간정신의 산물일 뿐이다. 그러나 그 법칙들이 실천적인 면에서 기술의 형태로 위력을 발휘하고 있는 것을 직시할 때, 그것은 분명히 진리에 가까이 다가가고 있음을 감지할 수 있다. 포퍼는 이러한 통찰을 본격적인 지식 이론으로 발전시켰고, 더 나아가 '개방사회'의 정치 철학으로 체계화했다.

우리는 포퍼가 도달한 바로 그 지점에서 출발하지 않으면 안 된다. 그렇게 하기 위해서는 무엇이 과학기술문명을 탄생시켰는지 살펴볼 필요가 있다. 그것은 과학지식이며 이러한 종류의 지식은 과학적 탐구에 임하는 자세, 즉 과학정신 없이는 불가능하다.

그렇다면 과학정신을 구성하는 요소는 무엇인가? 그것은 한마디로 합리적이고 비판적인 정신이며, 자율적이고 개방적인 태도다. 그러므로 우리는 이것이 바로 이 시대의 시대정신이어야 함을 인식하지 않으면 안 된다. 현대의 자본주의 경제제도나 자유민주주의 정치체제, 다원주의 문화형식은 직접적으로나 간접적으로 모두 이 정신의 산물이기 때문이다. 그런데 이 정신은 궁극적으로 자기비판의 한 형태인 '무지의 자각'이라는 계몽정신에서 비롯된 것임을 수긍해야 한다. 유네스코에서 우리가 '모르고 있는 것' 혹은 '잃은 것'에 대해 새삼스럽게 철학적 성찰을 시도한 이유도 바로 여기에 있을 것이다. 만약 이 시도가 실패한다면 결국 인간은 거의 전지하고 전능한 '악령'이 될지도 모른다.

우리는 지식을 계속 확장하는 것이

과연 바람직한 것인지에 대한 의문을 갖게 된다.

감당하기 어려운 지식을 무분별하게 남용하는 대신

이미 알고 있는 것을 다시 음미하고

그것이 의미하는 것을 반추해볼 필요가 있다는 것이다.

고통은 인간의 본질을 이해하는 핵심개념

고통에 대한 종교와 철학의 상이한 접근

예술가들의 고통에 대한 관심

고통이라는 삶의 현상을 이해하기

6장

삶의 고통을
고뇌로 확대하기

고통은 인간의 본질을 이해하는 핵심개념

일반적으로 '고통'은 신체적인 조직이 손상되었을 때나 정신적으로 불안정한 상태가 되었을 때 갖게 되는 불쾌한 경험을 말한다. 이와 같이 고통은 육체적인 측면과 정신적인 측면으로 나누어 생각할 수 있고, 직접적인 감각으로 경험될 때 '통증'이라고 할 수 있지만, 간접적인 감정의 방식으로 경험될 때에는 삶에 대한 '고뇌'로 확대될 수도 있다.

우리가 삶을 지속하는 한 이런 의미의 고통을 외면하거나 회피할 수는 없다. 그렇다고 해서 아무런 대책도 없이 수동적으로 감수하는 상태가 되어서도 안 된다. 다양한 종류의 고통을 적절한 방식으로 대처하지 않으면 안 된다. 물론 그 자체로서는 바람직한 것은 아니지만 고통을 통해서 증세를 미리 감지할 수 있고, 그 반대의 개념인 쾌락이 더욱 의미 있는 경험으로 부각될 수도 있기 때문에 전혀 부정적으로만 취급해서도 안 된다.

만약 고통이 없다면 육체적 통증을 치료할 방안을 강구할 수 없거나 적절한 시기를 놓칠 수 있고, 삶의 의미에 대한 총체적 고뇌가 없다면 좀 더 차원 높은 양질의 삶을 살게 될 계기를 잃게 될 수도 있다. 석가나 예수의 행적에 나타난 것처럼 고통의 의미를 크게 부각시키는 것도 분명히 소중한 가르침이지만 소크라테스의 삶과 죽음에 나타나듯이 긍정적인 면을 포함해 좀 더 다각적으로 검토해봐야 하는 이유가 바로 여기에 있다.

의학계에서는 고통을 신체적 변화에 의해서 유발되는 체성적 고통과 마음의 변화에 의해서 유발되는 정신적 고통으로 나눈다. 체성적 고통은 다시 말초신경 섬유가 반응하는, 가령 뜨겁거나 차가울 경우, 부딪치거나 찢어질 경우 등의 통증과 특정 부위의 손상만으로 설명되지 않는, 가령 가려움, 저림, 찌르는 느낌 등으로 나타나는 신경적 고통으로 구분된다. 한편 정신적 고통은 통증의 부위를 정확하게 규정하기 어려운 것으로 정신적·감정적·행동적 요인으로 유발되며 점차 증가하고 지속되는 특징을 가진다.

정신적 고통은 정신질환을 앓는 사람들에게서는 오히려 드문 현상이고 스트레스를 많이 받는 현대인에게서 많이 관찰되는데, 사회적 소외감을 느끼거나 마음의 상처를 받는 경우, 깊은 슬픔에서 헤어나지 못하는 경우 등에 나타난다고 한다. 정신적 고통은 주로 감정을 표출하지 못함으로써 생기지만 그러한 현상은 주로 복잡한 사회현상과 인간관계로 야기되게 마련이므로 결국 고통은 사회문제, 좀더 포괄적으로는 삶 전반의 문제와 연관된다. 그것은 단순히 의학적인 문제가 아니며 자연 과학적 방법을 통해서만 접근할 수 있는 과제도 아니다.

『인문의학, 고통! 사람과 세상을 다시 만나다』라는 책이 있는데, 이 책에서 특히 주목할 만한 것은 황임경 교수의 '고통, 의학과 삶의 만남'이라는 논문이다. 황 교수는 무엇보다 근대의학이 질병과 고통 받는 인간을 분리시킴으로써 질병을 앓고 있는 각 개인의 개별성을 소멸시켰다고 지적한다. 따라서 그동안 의학은 질병의 고통을 단지 통증의 문제로 환원해서 취급하게 되었다는 것이다.

그러나 질병에 의한 고통은 한 개인의 '온전함'이 위협받거나 훼손되었을 때 발생하기 때문에 통증이 해결되더라도 고통은 지속될 수 있다. 질병은 그 자체로는 어떤 '생물학적 사건'에 불과하지만 환자의 생활 세계라는 맥락에서 바라볼 때는 실존적이며 도덕적인 의미를 갖게 된다는 것이다.

물론 의사가 고통의 의미를 음미하고 그 심층적인 구조를 파악해 치료에 임하는 것은 분명히 바람직한 일이 아닐 수 없다. 아마 동양에서 전통적으로 강조해온 이른바 '인술仁術'이 바로 그러한 태도와 방법을 의미하는 것이 아닐까. 그러나 한편 의사가 모두 인간의 실존적인 문제에 너무 깊이 관여할 수는 없다. 그것은 의사에게 가능하지도 않고 또 바람직한 일도 아닐 것이다. 무엇보다 그러한 태도에 지나치게 기울어지면 과학자로서의 의사가 의사로서 할 수 있고 의사만 할 수 있는 일에 소홀해질 수 있는 것이다. 가령 의사가 환자의 고통을 근원적으로 치유하기 위해 그의 인생관이나 가치관 혹은 세계관에까지 관여하게 되면 의사로서 지켜야 할 중립적이고 냉철한 객관적 태도가 위협받을 수 있기 때문이다.

고통은 인간적인 현상이며, 바로 그렇기 때문에 인간의 본질을 이해하는 데 있어서 핵심적 개념이다. 고통에 대해서 그것이 체성적이든 정신적이든 의사는 의학적으로 파악된 범위 안에서 진단하고 치유하면 되겠지만, 그것이 삶의 불가피하고 불가항력적인 현상이라고 이해될 때 삶 전반에 관한 총체적이고도 실존적인 문제로 나타난다. 이것이 바로 동서와 고금을 통해서 종교적 지도자들이나 철학자들이 이 주제에 천착해온 이유이며, 각 분야의 예술가들이 그것을 감동적으로 표현해온 사연이기도 할 것이다.

러셀B. Russell은 『자서전』에서 세 가지 열정이 자신의 삶을 이끌어온 동력이 되었다고 술회한다. 여인에 대한 사랑과 지식에 대한 추구, 그리고 인류의 고통에 대한 참을 수 없는 연민이 그것이다. 이 중에서 특히 말년에 그가 큰 비중을 두었던 것은 인류의 고통에 대한 연민이었는데, 다른 것은 자신을 천상으로 고양시키는 반면에 이것만은 자기의 관심을 항상 지상으로 되돌아오게 하기 때문이라는 것이다. 그는 이렇게 술회한다.

고통에 대한 울부짖음의 메아리가 가슴속에 울려 퍼지는 것이었다. 굶어 죽어가는 어린이들, 압제자들에게 고문당하는 희생자들, 자식들에게서 버림받는 무의탁의 노인들, 그리고 고독과 궁핍과 고통의 온 세상이 인간의 삶을 한낱 조롱거리로 만들고 만다. 나는 악을 덜어보고 싶어 하나 여의치 않고 오히려 고통을 당하고 있을 뿐이다.

이러한 문제의식은 오직 러셀만의 것은 아닐 것이다. 스토아학파의 중심 사상은 고통을 적극적으로 수용해 차라리 고행의 길을 택할 것을 설파했으며 에피큐로스 학파를 위시해서 공리주의에 이르기까지 쾌락주의자들은 역설적으로 고통을 극소화하고 쾌락을 극대화하는 것으로 삶의 목표를 삼았다. 루크레티우스Lucretius나 세네카Seneca는 인간이 고통을 받다가 죽기 위해서 태어난 존재로 파악했으며, 염세주의 철학자 쇼펜하우어Schopenhauer는 욕망을 충족시키지 못했을 때 오는 고통과 그것이 충족되었을 때 견뎌야 하는 권태 사이의 '시계추'로 인간을 묘사했다.

그러나 일반적으로 우리는 권태보다 고통을 통해서 자신의 정체성을 확인할 때가 더 많이 있다. 헤겔Hegel은 "고통을 통해 사람은 자신의 주체성을 느낀다"고 말한 적이 있다. 물론 우리는 쾌락을 통해서도 그 주체의 자기 자신을 어느 정도 의식할 수 있을 것이다. 그러나 이 경우 우리는 고통을 느낄 때만큼 자신을 구체적이고도 절실하게 의식할 수 있을까? 비록 고통이 쾌락의 반대 개념이고 상대적인 경험이라고 하더라도 같은 정도로 자신을 의식할 수 있을까? 어떤 종류의 경험이라도 그것이 자기 자신의 경험인 이상 그 주체인 자아를 의식할 수밖에 없겠지만, 고통이야말로 가장 강하게 자기의 정체성을 실감하게 하는 경험이 아닐까?

고통에 대한 종교와 철학의 상이한 접근

한평생 아테네 시민들에게 "너 자신을 알라"고 절규하던 소크라테스는 삶 자체를 일종의 '질병'으로 이해하고 죽음을 그 고통에서 벗어나는 축복으로 간주한다. 이것이 그가 임종의 순간에 의술의 신인 아스클레피우스에게 닭 한 마리를 바쳐달라고 크리톤에게 부탁한 진정한 이유일 것이다. 그러나 철학자들은 대체로 고통의 의미를 부각시키고 삶에 있어서 그 중요성을 강조하기도 한다. 하지만 고통을 극복하기 위해서 스스로 수행하거나 고행할 것을 설파하거나 실천하지는 않는다. 정작 그러한 이념을 실행하는 인물들은 인류 문화사를 빛내온 중요한 종교의 지도자들이다.

널리 알려져 있는 바와 같이 왕자로 태어나 부귀와 영화를 모두 누려왔던 석가는 어느 순간 삶 그 자체가 고통임을 깨닫고, 그때부터 적극적인 고행의 길로 들어선다. 이렇게 시작된 불교에서는 삶 그 자체가 왜 고통이며 어떻게 극복해야 하는지를 설파한다. 『잡아함경』에 명시되어 있듯이 석가는 보리수 밑에서 깨달은 후에 최초로 다섯 비구에게 '사성체四聖諦'라는 설법을 전한다.

석가는 여기서 그 고통을 여덟 가지로 설명한다. 우선 태어나서 늙어가다가 병들어서 죽는 것이 고통이요, 사랑하는 사람과 헤어지는 것, 미워하는 사람이나 원수를 만나는 것, 갖고자 하나 여의치 않은 것, 그리고 재물과 색욕, 식욕과 명예욕, 수면욕 등에서 헤어나지 못하는 것이 모두 고통이라는 것이다. 그러므로 이러한 여덟 가지 고통에서 헤어나기 위해서는, 다시 말해서 해탈을 이루어 열반nirvana에 이르기 위해서는 그 원인이 '욕망'이라는 것을 깨닫고 이것을 원천적으로 제거해야 한다고 석가는 가르쳤다. 무엇보다 석가는 이러한 문제를 구체적인 현상의 분석을 통해서 접근하기보다는 삶과 존재 그 자체의 법칙, 즉 인과와 윤회의 법칙으로 파악하며 이것을 깨닫고 실천하는 것이 해탈의 길이라고 주장한다. 석가는 이렇게 말한다.

> 무지에 업보(karma)가 달려 있고 업보에 의식이 달려 있다. 의식에 이름과 형식이, 그리고 오관에 접촉이 달려 있다. 접촉에는 감각이, 감각에는 욕망이, 욕망에는 집착이, 그리고 집착에 존재가 달려 있다. 존재에는 출생이, 출생에는 늙음과 슬픔과 비통과 비참과 절망이 달려 있는 것이다.

삶 자체를 일종의 고통으로 이해하는 것은 기독교에서도 마찬가지다. 『구약 성경』에 따르면 인간은 하나님이 아름답고 선량한 존재로 창조했으나 선악과를 따먹은 이후 죄악과 고통의 수렁에서 헤매는 추악한 존재가 되었다. 그러나 『신약 성경』에 따르면 하나님이면서 동시에 인간인 예수의 삶과 죽음을 통해서 구원과 은총을 약속받았는데 여기에는 예수의 가르침과 그의 행적, 특히 그의 고통스러운 '죽음과 부활'이라는 종교적 사실을 긍정함으로써만 가능하다.

이와 같이 종교로서의 불교와 기독교가 지니는 공통점은 이 세상에서의 삶이 고통의 수렁이라는 사실을 받아들인다는 것과 해탈이나 구원을 위해서는 교리에 명시된 일정한 가르침을 준수해야 한다는 것 등이다. 그런데 흥미 있는 것은 석가와 예수의 경우 그들이 보여준 고통의 의미와 그것을 극복하는 방식에 차이가 있다는 점이다. 불교의 경우 우리가 고통에서 자유로워지는 방법은 석가가 보여주었듯이 그 근원인 욕구의 씨앗을 마멸시키는 것이다. 그러나 기독교에서 요구하는 것은 이것으로서 충분하지 않다. 진정한 의미로 고통을 극복하는 것은 죽음에 임하는 예수의 고통에 동참해야 한다.

잘 알려진 바와 같이 기독교인들이 그리스도의 고통에 동참한다는 것은 다른 사람을 대신해서 하나님 앞에 제물이 될 수 있다는 뜻이 아니다. 그리스도가 십자가의 고통을 통해 보여준 것처럼 하나님에 대한 충성과 사람에 대한 사랑을 자신들이 고통을 통해 표현한다는 것을 뜻한다. 이렇게 함으로써 다른 사람의 고통을 줄일 뿐만 아니라 그들을 위로할 수 있게 하는 것까지 혼합하는 것이다.

일반적으로 종교에서는 삶을 고통의 연속이거나 죄악의 수렁으로 보기 때문에 근원적인 치유를 위해서는 극약처방을 하는 도리밖에 없다는 입장을 취한다. 이 세상에서의 삶을 과도기적인 과정으로 보고, 수행과 선행을 궁극적으로는 내세에서의 구원과 해탈을 위한 방편으로 이해한다. 그러나 철학적 관점에서 볼 때 이것이 과연 인간의 삶에 대한 올바른 견해인지 의문을 제기할 수 있다. 인간이 해탈이나 영생을 갈구한다는 것은 지나친 비현실적 욕구와 갈망의 표현이 아닌지 의심된다는 것이다. 고통은 쾌락과 대비되는 개념이며, 인생의 쾌락의 연속이 아닌 것처럼 '고통의 바다'일 뿐이라고 이해하는 데는 분명히 무리가 있기 때문이다.

예술가들의 고통에 대한 관심

예술가들은 종교가나 철학자, 혹은 의사들 못지않게 고통에 대해서 많은 관심을 쏟아냈다. 그들은 시대의 사조나 문화적 관심에 따라 그 소재가 달라지기는 했으나 인간이 숙명적으로 감수할 수밖에 없는 수난의 고통을 절절하게 묘사하고 표현해왔던 것이다.

그러한 예는 동양에서보다 기복이 심했던 서양의 문화사에서 더 많이 찾아볼 수 있다. 그리스 신화를 배경으로 한 것을 비롯해서 기독교의 성화들, 그리고 낭만주의 이후에 전개되는 학살과 고뇌의 장면 등 이루 헤아릴 수가 없다. 아마 그 중에서도 가장 두드러진 것 중에 하나가 〈라오콘과 그의 아들들〉이라고 할 수 있다.

그리스 신화에 따르면 사제 라오콘은 오디세우스가 고안한 목마를 성 안으로 받아들이면 트로이 성은 함락될 것이라고 경고했다. 비밀을 누설한 것에 화가 난 바다의 신 포세이돈이 두 마리의 거대한 독사를 보내 그와 두 아들을 칭칭 감아 죽이게 했다. 이러한 신화를 매우 인상적인 군상으로 만든 작품이 〈라오콘과 그의 아들들〉이다.

기원전 150년경 로도스 섬에서 발견된 이 작품은 헬레니즘 최대의 걸작으로 당시에도 절찬을 받았다. 시인 베르길리우스Virgil는 그 처참한 고통에 대해 "고개를 들고 마치 제단의 도살장에서 도망친, 목에 잘못 내려친 도끼에 놀라 상처 입은 황소의 울부짖음같이 무서운 소리를 하늘에 질러댄다"고 『아에네이스』에서 묘사하고 있다.

신음하는 라오콘의 얼굴은 저주받은 숙명의 싸움에서 죽음과 힘겹게 싸우는 인간들의 모습을 너무도 실감나게 묘사하고 있어서 후에 십자가에 못 박혀서 고난을 당하는 그리스도의 모델이 되었을 만큼 세기의 걸작으로 알려져 있다. 이 작품의 위대성은 사실주의 기법을 사용해 고통스러운 포즈와 뒤틀린 근육, 노출된 혈관 등을 세밀하게 묘사한 점에도 있겠으나 정작 우리를 감동하게 하는 것은 순간적이고도 감각적인 '통증'보다는 인간이 지닌 숙명적 한계에서 오는 '고통'을 실감나게 표출한 데서 찾아볼 수 있을 것이다.

한편 예수의 고통스러운 모습을 가장 절실하게 표현한 작품 중 하나는 16세기 초반에 활동한 독일의 니트하르트Matthias G. Nithardt의 〈이젠하임의 제단화〉일 것이다. 얼핏 보면 이 제단화는 흔히 보는 십자가의 예수 그림과 별로 다를 게 없다. 그러나 자세히 보면 통나무 십자가에 달린 예수는 소름 끼치게 고통스럽고 비참하게 죽어갔다. 두 손바닥과 발등에는 공사장의 철근 같은 대못이 박혀 있다. 견딜 수 없는 통증에 손가락 마디마디는 아픔을 호소한다. 발도 위 아래로 포개 놓고 대못을 관통시켰다. 그 밑으로 웅어리진 피가 흘러 떨어진다. 가시관을 쓴 예수는 비참하게 고개를 떨어뜨리고 혀를 내민 채 죽어 있다. 얼굴은 벌써 검게 부패하고 가시회초리와 창에 찔린 붉은 상처는 상하고 썩어 흉물스럽게 보인다. 축 늘어진 사체의 무게 때문에 못 박혀 있는 나무까지 휘어져 있다. 이 제단화는 기독교 정신의 핵심을 가장 감동적으로 묘사한 작품이지만, 이 작품이 가장 순수하고 고귀한 영혼이 어떻게 그토록 잔혹한 고통을 통해서 승천할 수 있었는지 설득하는 데 기여한 것 또한 사실이다.

고통이라는 삶의 현상을 이해하기

인간이 삶의 고통을 외면할 수 없는 것이 사실이다. 삶의 본질을 이해하기 위해서라도 '고통'이라는 현상을 제대로 이해할 필요가 있다. 그리고 인류의 역사가 다양한 종류의 고통과 대결해온 숙명의 드라마였음도 부정할 수 없다.

그러나 삶이 고통의 수렁이고 자아가 고통의 주체로, 혹은 심신이 통증의 거점으로 느껴지더라도 그것이 곧 객관적 사실은 아니다. 지금 당장, 혹은 상당한 기간 동안 우리가 고통에 시달리고 있다는 점을 인정하더라도 나머지 시간에는 비교적 즐거웠고 적어도 고통스럽지는 않았다는 사실을 우리는 수긍해야 할 것이다. 우리가 고통에서 효과적으로 헤어나기 위해서라도 '고통'이라는 삶의 현상을 제대로 이해하고 객관적으로 인식하지 않으면 안 된다.

이미 지적한 바와 같이 고통에는 여러 가지 종류가 있다. 의학적 관점에서 보아도 체성적인 것과 정신적인 것이 있고, 철학적으로나 종교적으로 의사들이 접근하기 어려운 종류의 고통도 있다. 그러나 그 어떤 경우이든 고통의 종류와 그 정도, 그리고 그 내용을 정확히 파악하지 않으면 안 된다. 만약 이러한 작업이 선행되지 않으면 진단이 제대로 이루어질 수 없고, 오진이 자행된다면 오히려 고통을 더욱 조장하거나 재생산하고 그만큼 처방이나 치유도 불가능할 것이기 때문이다.

그런데 한 가지 분명한 것은 우리의 신체가 질병의 덩어리가 아닌 것처럼 우리의 삶도 고통의 수렁이나 바다 그 자체는 아니라는 점이다. 바로 이러한 점을 분명히 해야 고통 중에서 치유할 것은 치유하고, 극복할 것은 극복하며, 수용할 것은 수용할 수 있는 것이다.

그러한 자세는 일반적으로 어느 정도 검소한 삶에서 찾아볼 수 있다. 의도적으로 고통을 의식하고 고행을 실천하려는 경우에도 그렇지만 정신적으로나 물질적으로 지나치게 과도한 것을 꿈꾸거나 추구할 때 상대적으로 우리는 삶이 고통의 수렁으로 인식되는 경향이 있기 때문이다. 크세노폰은 간소한 삶의 전형을 소크라테스의 생활방식에서 찾는다. 그는 『소크라테스의 회상』에서 이렇게 말한다.

소크라테스는 영혼과 육체를 자기의 생활방식을 통해 연마했다. 영혼과 육체를 자기의 것으로 만들면 누구나 걱정 없이 자신감을 가지고 살 수 있으며, 무엇인가 돌발적인 일이 벌어지지 않는 한 돈을 많이 써서 곤란에 빠질 염려도 없을 것이다. 그는 대단히 검소하게 살았는데, 누군가 아무리 적게 번다고 해도 소크라테스가 쓰는 것보다 적은 경우는 없을 정도였다.

그는 이어 이렇게 전한다.

소크라테스는 공복을 채울 정도만 먹었고, 기다리고 기다려서 식탁에 앉았으므로 시장기가 반찬을 대신할 정도였다. 또 목마를 때에만 무언가를 마셨기 때문에 어떤 음료수도 그에게는 달았다. 식사에 초대받아도 그는 늘 과식하지 않도록 조심했다. 이는 다른 사람들 같으면 아무리 애를 써도 성공하기 어려운 일이다. 자기처럼 절제하지 못하는 사람들에게 그는 배고프지 않는데 먹고, 목마르지도 않는데 마시도록 유혹하는 음식의 쾌락을 조심하라고 충고한다. 음식에 너무 탐닉하면 위장과 두뇌, 그리고 영혼이 망가지기 때문이다.

그것은 지나치게 절제해서 배고픈데 먹지 않고, 목마른데 마시지 않는 경우에도 마찬가지일 것이다. 여하튼 우리의 몸이 세균의 소굴이거나 질병의 덩어리가 아닌 것처럼 인간의 삶 그 자체가 분명히 고통의 수렁만은 아니다. 어떤 의사가 모든 병을 치유할 수 없는 것처럼 아무도 삶의 고통을 총체적으로 구제할 수는 없다. 중요한 것은 치유될 수 있는 것과 없는 것을 구분하고, 이것을 효과적으로 대처하는 일이다.

다시 말해서 치유될 수 있는 것은 치유하되 그렇지 않은 것은 기꺼이 받아들이고 견디는 인내와 절제가 필요하다는 것이다. 그렇게 하기 위해서는 치유할 수 있는 것과 할 수 없는 것을 분별할 지혜가 필요하다. 그러나 그러한 지혜를 얻는 것도 좀처럼 쉬운 일이 아니기 때문에 치유할 수 없는 것이 무엇인지 모른다는 소크라테스적 무지의 수용이 또한 선행되어야 하는 것이다.

현대는 명실상부한 과학기술의 시대

어떤 사람을 교육한다는 말의 의미

교육은 단순한 훈련이 아니다

격동의 시대에 교육이 해야 할 일

7장

이 시대에
걸맞은 교육

현대는 명실상부한 과학기술의 시대

현대는 과학기술의 시대다. 그러므로 미래 사회의 인간상을 규명하고 바람직한 인간을 위한 교육의 방향을 가늠하기 위해서는 과학의 본질과 특성을 제대로 이해하지 않으면 안 된다. 그것은 서양의 중세를 제대로 살아가기 위해서는 충실한 신앙인이 되어야 하고, 그렇게 하기 위해서는 기독교의 본질을 제대로 터득해야 하는 이유와 유사하다.

물론 중세를 바람직하게 살아가기 위해서 종교적 측면만을 강조하고 신앙에만 전념해야 하는 것은 아니다. 그러나 그 시대를 이끌어가는 시대정신이 기독교라는 종교에 농축되어 있는 한 거기에 더 큰 비중을 두는 것은 당연한 현상이다. 이것은 다른 시대에도 마찬가지일 것이다. 가령 신라나 고려시대의 불교, 조선조에서의 유교 등이 그것이다.

그 시대를 이끌어가는 원동력이 무엇인지 제대로 이해하고 그것을 온전하게 가꾸지 않는다면 개인은 물론 결국 그 사회와 국가도 시대에 뒤처져 낙후될 수밖에 없으며, 조선조의 말기에서 보듯이 그 정체성을 잃고 급기야는 망국의 길을 걷게 될 수도 있을 것이다. 교육의 방향도 이러한 역사인식에 초점을 맞추어야 하는 것은 너무나도 당연한 일이다.

과학은 일반적으로 기술과의 연관 속에서만 이해되고 또 활용되는 경향이 있다. 그러나 그것을 좀더 자세히 검토해보면 크게 세 부분으로 나누어볼 수 있는데, 첫째는 실험과 관찰과 논증에 의한 탐구의 부분, 둘째는 그 탐구의 결과로 나온 인간과 자연에 관한 지식의 부분, 셋째는 그 지식의 내용을 응용해 현실에 반영하는 기술의 부분이다.

물론 이것을 현실적으로 엄격하게 구분하기는 어렵지만 개념적으로나 실제적으로 동일시할 수 없으며, 그것을 각기 '과학정신', '과학지식' 및 '과학기술'이라고 말할 수 있다. 그러므로 포괄적 의미의 과학은 이 세 부분을 모두 포함한다고 할 수 있으며, 따라서 과학을 교육한다는 것은 곧 이 세 가지 분야를 함께 균형 있게 교육한다는 것을 의미한다. 다시 말해서 과학교육은 과학정신의 교육, 과학지식의 교육, 그리고 과학기술의 교육으로 구성되어야 한다고 말할 수 있는 것이다.

그러나 미래 사회에 걸맞은 새로운 인간상은 자동적으로 형성되지 않는다. 그러므로 과학기술 시대에 걸맞은 새로운 교육의 방향이 정립되어야 한다. 그런데 이 세 분야에 관한 교육이 심화되면, 다시 말해서 과학정신에 익숙하고 과학지식을 갖추며 과학기술을 습득한 인간들을 양산할 수 있다면, 격변하는 미래 사회에서 정체성을 유지할 수 있는 내적 통합력과 새로운 환경에 능동적으로 대처할 수 있는 외적 적응력을 동시에 갖추리라고 기대해도 좋을 것이다.

물론 과학기술의 시대라고 해서 모든 사람에게 과학에 관한 교육만 실시해야 한다는 것은 아니다. 그것은 중세에 종교교육만 필요한 것은 아닌 이유와 마찬가지일 것이다. 그러나 이 시대를 제대로 바람직하게 살아가기 위해서는 어떠한 방식으로 과학적 탐구가 이루어지고, 과학적 지식의 내용이 무엇이며, 또한 그 응용의 성과로 등장한 과학기술을 어떻게 활용할 것인지 어느 정도 이해하지 않으면 안 될 것이다.

한편 교육은 어느 시대의 어느 나라에서나 중요한 과제이며 동시에 심각한 문제일 수밖에 없다. 어떤 나라나 사회가 바람직한 상태를 유지하고 계속 발전하려면 미래를 담당할 젊은 세대들을 제대로 교육시켜야 하기 때문이다. 그런데 어느 시대이든 사회는 항상 변하기 때문에 사람들의 가치관이나 인간관, 세계관 같은 것이 달라질 수밖에 없고, 기성세대에 속하는 교육자들은 이러한 변화에 잘 적응할 수 있도록 젊은 세대를 이끌어주어야 하는 것이다. 그러므로 교육은 단순히 기존의 가치관이나 신념체계에 피교육자를 적응시키는 훈련이 아니며, 새로운 세계와 가치를 재생산하는 일종의 창조적 작업이기도 하다. 교육이 전문적인 교육자들만의 전유물이 아니며, 모든 시대의 모든 사람들에게 어렵고도 중대한 과제인 이유가 바로 여기에 있는 것이다.

어느 특정한 시대에 엄청난 변화를 겪게 되어 가치관이나 신념 체계가 거의 전면적으로 심하게 흔들릴 수밖에 없다면 교육은 그만큼 더 어렵게 될 것이다. 현대에 들어와서 보편적으로 교육의 문제가 심각하게 제기되고 그 해결책이 좀처럼 나타나지 않는 것은, 바로 이 시대가 여러 가지 점에서 격렬하게 요동치는 이른바 '격동의 시대'이기 때문이다.

그 중에서도 우리나라는 동서와 고금이 급격하게 부딪치는 바람모지에 위치해 있고, 특히 지난 반세기 동안 민주화와 산업화를 거치는 동안 많은 혼란을 겪게 되어 교육의 문제는 더욱 심각해진 경향이 있다. 더구나 이렇게 급격하게 이루어진 변화가 거의 대부분 과학기술의 습득에 의해서 이루어진 것이라면, 교육의 중심과제가 과학에 관한 심층적 분석과 포괄적 이해에 모아져야 한다는 것은 매우 당연한 일이라고 할 수 있다. 현대는 과학기술의 시대이며 한국이 그 혜택을 가장 급속도로 심도 있고 광범위하게 받았다는 것이 사실이라면 특히 그렇다는 것이다.

이러한 상황에서 바람직한 교육이 어떠한 것인지 모색하는 것은 분명히 의미 있는 일이다. 그러나 이것보다는 우리에게 도대체 교육이 무엇인지를 더 시급히 물어야 하는 시점에 와 있다고 해야 할 것이다. 교육의 본질 자체가 근원적으로 흔들리고 있기 때문이다. 이제 이러한 점들을 좀더 자세히 살펴보자.

어떤 사람을 교육한다는 말의 의미

교육은 인간이 자기의 능력을 극대화하고 다른 사람들과의 조화로운 관계를 통해서 바람직한 삶을 영위할 수 있도록 돕는 사회 제도다. 그러므로 교육이 효과적으로 이루어지기 위해서는 인간의 개념이 먼저 정립되어야 하고, 그 다음으로 바람직한 인간상이 제대로 규명되어야 하며, 동시에 그것을 현실적으로 극대화할 수 있는 방안이 제시되어야 한다. 비록 시대마다 인간관이 다소 수정되고 인간의 본성에 관한 견해가 다양하다고 하더라도 먼저 인간의 개념이 새롭게 정립되어 있지 않다면 '인간을 인간답게 하는 장치'라고 간주할 수 있는 교육 행위는 제대로 이루어지지 않을 것이다.

그러나 널리 알려진 바와 같이 현대는 비인간화 시대이며 인간성 상실의 시대이기도 하다. 현대적 상황에서 교육의 비중이 그 어느 때보다 더 증대되고, 그 중에서도 이른바 '인성교육'이 강조되는 이유도 바로 여기에 있다. 오늘날 교육은 단순히 좀더 바람직한 삶을 영위하기 위한 개선의 장치가 아니라 억제하기 어려운 과학기술의 불균형적인 발달과 무책임한 개발로 인해 인간이 자아의 정체성을 상실할 뿐만 아니라 멸종될 수도 있는 위기에 대처하기 위한 마지막 보루로서의 의미를 지니기 때문이다.

이러한 현상은 특히 서양의 과학기술 문명이 등장함으로써 더욱 가속화되었다고 볼 수 있는데, 가령 인간에 관한 과학적 탐구가 이루어지면서 전통적 인간관에 상당한 변질이 생겼기 때문이다. 특히 생물학적 관점에서 볼 때 인간의 생체 구조나 진화의 과정을 심층적으로 연구하면 할수록 다른 동물들과의 질적인 차이는 사소한 것으로 나타나고, 신의 각별한 피조물이라는 자부심도 많이 퇴색하게 된다. 또한 인지 과학자나 분자생물학자들은 이러한 수준을 훨씬 넘어서 인간의 자연지능과 인공지능의 차이가 본질적인 것이 아닐지도 모른다는 문제를 제기하기에 이르렀다.

이와 같이 오늘날 인간의 이성적 측면보다는 감성적, 유기체적 혹은 기계적 측면을 강조함으로써 전통적 인간관이 급격하게 변모된 것이다. 최근에는 인간의 '본성'이란 것은 추구와 실현의 대상이 아니라 필요에 따라 얼마든지 조작하고 창작할 수 있다는 이른바 '초인본주의trans-humanism'가 등장하고 있을 정도다.

이제 이상적인 인간상이 시대와 사회의 변천에 따라 얼마든지 변할 수 있다는 것을 인정할 수밖에 없게 되었다. 물론 현자나 성자 혹은 도인 같은 사람들이 여전히 존경을 받는다고 하더라도 실제로 피교육자인 청소년들뿐만 아니라 학부모나 교직자, 심지어 성직자들까지도 그러한 보편적이고 이상적인 인간상에 대해서 얼마나 구체적이고 현실적인 개념을 가지고 있는지 의심스러울 정도다.

그렇다면 오늘날 바람직한 인간상은 무엇인가? 그것은 기업인인가 혹은 정치가인가, 아니면 스포츠맨인가 혹은 연예인인가? 추상적인 관념이 아니라 실제로 피교육자들이 추구하고 있고 사회 구조적으로 지향하고 있는 인간의 바람직한 모습은 어떤 것일까?

오늘날 교육의 난점은 바로 이러한 질문에 답변을 하기가 결코 쉽지 않다는 사실에 있다. 그럼에도 불구하고 교육은 진행되어야 한다. 의도적으로 어떤 목적을 설정하고 무엇인가를 시도하지 않으면 안 된다. 교육은 우선 의도적인 것임을 정범모 교수는 『교육과 교육학』에서 이렇게 설명한다.

> 교육은 그냥 인간 행동의 변화라기보다는 계획적인 인간 행동의 변화를 말한다. 이런 행동을 이렇게 변화시키겠다는 의도와 계획이 있는 것에 한해 교육이라고 규정할 수 있다. 예컨대 부모가 자기들이 보고 싶어서 텔레비전을 사서 보는데 어린이들이 그것을 보고 새로운 지식이나 태도, 버릇 혹은 '관(觀)'이 생겼다고 해도 우리는 이것을 교육이라 부르지 않는다. 그저 어쩌다 마당에 나무 한 그루가 있는 것과 같이 텔레비전을 있게 만든 것에 불과하다. 이와 반대로 어떤 부모가 자기 아이에게 시사에 관한 지식과 과학에 관한 지식과 경음악의 감상력과 적극적이고 개척적인 세계관을 길러야겠다고 명백히 의도하고, 그러기 위한 계획의 일부로서 텔레비전을 사고, 프로를 그 의도에 맞게 선택해 보여준다면 그것은 교육이다.

이와 같이 교육은 분명한 의도와 계획을 가지고 진행되어야 한다. 그리고 여기에는 반드시 교육의 목적이 있어야 한다. 물론 그것은 어느 특정한 부류의 인간뿐만 아니라 모든 인간에게 보편적으로 바람직한 것이어야 한다. 그러므로 그것을 '최고선' 혹은 더 구체적으로 '공동선'이라고 하며, 시대나 사회, 어떤 집단의 신념이나 이념 혹은 신앙 체계에 따라 다소 다를 수 있으나 일단 어떤 공동체에 의해 '바람직한 것'으로 공인된 것이어야 한다.

피닉스P.H. Phenix에 따르면 교육의 주된 목적은 가치 있고 탁월한 것에 대한 성실하고 충실한 태도의 촉진이어야 한다. 이러한 태도는 지적인 가치뿐만 아니라 도덕적인 것도 포함한다. 그는 『교육과 공동선』에서 이렇게 주장한다.

> 교육의 가장 중요한 성과는 건설적이고 일관성 있고 강압적인 가치체계다. 개인적이고 사회적인 삶은 이 가치체계를 중심으로 영위된다. 교육과 학습이 그러한 점을 제공하지 못한다면 특수한 지식들과 습득된 기술들은 전혀 쓸모가 없다. 자신의 지식과 능력이 인격적으로 가치 있는 목적을 향하고 있지 않은 '교육받은' 인간은 그 자신과 사회에 위험이 된다. 일관된 삶의 방식을 교육하지 않는 고도로 복잡한 사회는 한층 더 퇴폐적이고 퇴보하는 경향이 있다.

여기서 우리는 다시 한 번 교육이 바람직한 개인을 양산하고 공동체의 번영과 공동선의 실현을 위한 사회제도임을 확인하게 된다. 그런데 단순히 특수한 지식과 기술의 습득이 교육의 궁극적 목표가 아니라면 그 습득의 과정도 바람직한 것이어야 한다. 누구를 교육한다는 것은 어떤 일을 성취했다는 것뿐만 아니라 그 일을 하는 방법이 도덕적으로도 논란의 여지가 없어야 한다는 뜻도 그 속에 들어 있다. 가령 지성과 인격을 계발한다는 것은 가치가 있는 것을 계발한다는 말의 구체적인 내용을 명시하는 것이며, 이것이 곧 어떤 사람을 교육한다는 말의 의미다.

이와 같이 교육은 어떤 사람의 총체적 자아와 연관되어 있고, 동시에 그 사람의 인생관과 가치관 및 세계관을 형성하는 방식에 관여하고 있으며, 전체적인 합리적 인생 계획과 유기적인 관계를 맺고 있다. 한마디로 교육은 어떤 형태로든지 한 인간을 인간답게 만드는 포괄적 기획인 것이다.

교육은 단순한 훈련이 아니다

이러한 교육의 이념은 시카고대학 총장이었던 하퍼W. R. Harper의 연설에 매우 구체적으로 나타나 있다. 그는 신입생들에게 그들이 교육을 더 받기 위해 이 자리에 와 있음을 환기시키고, 만약 그렇다면 "교육을 받은 인간이란 무엇인가?"에 대해서 어떤 생각을 가지고 있어야 한다고 역설했다. 그렇지 않으면 여기에 온 이유가 무엇인지 모르고 방황할 것이기 때문이다. 그는 이렇게 이어간다.

교육을 받은 인간이란 그가 25세쯤 되었을 때 만족스러운 삶과 의미 있는 삶에 대해 여러 세대에 걸친 인간의 경험에 근거해 분명한 이론을 가지고 있으며, 30세에 이르렀을 때에는 자기 종족의 경험과 조화를 이루는 도덕철학을 가진 사람이다. 만약 그러한 이론이나 철학 없이 그 나이에 도달했다면 아무리 많은 사실을 학습했고 아무리 많은 교육과정을 이수했다고 하더라도, 그는 무식하고 어리석으며 불행할 뿐만 아니라 어쩌면 위험하기조차 한 인물이라고 해야 할 것이다.

무엇보다 교육은 단순한 훈련이 아니다. 훈련은 제한된 기술이나 사고방식을 길러주는 것이지만 교육은 더욱 넓은 신념 체계를 다루는 것이기 때문이다. 그 차이는 분명하다.

피터스R .R. Peters가 지적하는 바와 같이 훈련은 제한된 상례적 상황에서 적절한 상황판단 또는 습관적인 반응을 하도록 하는 것이며 교육에서와 같은 좀더 넓은 인지적 관련은 결여되어 있다. 마찬가지로 감정의 훈련은 의지를 기르는 것과 관련된다. 의지가 약한 사람은 자기가 무엇을 바라고, 또 어떻게 해야 한다는 것을 알면서도 감정 혹은 정서의 영향을 이기지 못해 엉뚱한 옆길로 나가는 행동을 하는 사람이다. 의지를 교육한다고 하지 않고 훈련한다고 하는 것은 이 때문이다.

또한 의지는 유혹이나 방해에도 불구하고 원칙이나 목표나 계획을 관철하는 힘이다. 의지작용의 방향은 일반적으로 목적에 의해 규정된다. 의지는 목적을 강화하는 것뿐이지 대안적 목표를 생각해내는 원천은 아니다.

이러한 차이는 '전사warrior'와 '기사knight'를 비교할 때 가장 잘 드러난다. 로마제국이 멸망하는 시기에 유럽의 초기 중세 사회는 매우 거칠고 잔인한 격동의 시기였다. 왕국들과 영주들의 치열한 세력 다툼이 벌어졌고, 이들의 선봉에 섰던 인물들이 당대의 전사들이었다.

이들은 전투에서 용맹을 자랑하며 승리를 거두었지만 지나치게 투쟁적이고 야만적이며 순화되지 않은 것이 문제였다. 말하자면 그들은 용감한 전사가 되도록 고도의 기술을 터득하고 의지를 강화하도록 훈련을 받았지만 바람직한 인간이 되도록 교육을 받은 것은 아니다. 후에 영주들은 이들에게 이른바 '인간 교육'을 실시함으로써 한 사람의 당당한 기사의 길을 갈 수 있게 했다.

우선 어린 시절부터 영주의 집에서 기숙사 생활을 하게 했고, 가정을 섬기게 함으로써 예의와 교양을 쌓았고, 학문을 익힐 뿐만 아니라 신앙심을 갖고 매 사냥 등을 통해 자연을 배울 기회도 가졌다. 이렇게 시종의 기간을 거친 다음 기사의 종자로서 훈련을 받는데 이들은 무술과 전술뿐만 아니라 정직과 관용, 신사로서의 예의와 예절, 특히 약자를 배려하는 품성 등을 배웠다. 이러한 과정을 거쳐서 작위 수여식을 통해 용맹과 충성을 결의함으로써 한 사람의 기사가 탄생한다.

신라의 화랑들에게 화랑정신이 있듯이 이들에게도 '기사도 정신'이라는 것이 있는데, 이 정신은 우선 전쟁에서의 승리보다 더 중요한 것은 자기 자신과 공동체의 품격을 지키는 것이라는 점을 강조한다. 여기서 우리는 단순한 훈련과 구분되는 진정한 의미의 교육이 무엇인지 그 전형을 볼 수 있다.

현대적 상황은 유럽의 초기 중세보다 훨씬 더 복잡하고 혼란스럽다. 특히 우리나라는 분단 구조 아래서 북한과 첨예하게 대치한 상황에서도 지난 반세기 동안 성공적인 민주화와 산업화를 통해 경제 대국의 풍모를 지니게 되었다. 미국 CNN 방송이 "대중문화의 한류

Korean Wave가 아시아를 휩쓸고 있다"고 보도했을 정도로 대중문화에 있어서도 강국의 면모를 보이고 있다.

인구가 세계인구의 140분의 1밖에 안 되는 이 작은 나라가 단시일에 이렇게 놀라운 성과를 거둔 데는 분명히 이유가 있을 것이다. 근면한 국민성과 탁월한 영도력, 높은 교육열 등을 들기도 한다. 그런데 이러한 특성을 잘 음미해보면 그 저변에는 인간으로서의 덕성과 품위보다는 경쟁과 승리의 전투적 자세가 더 깊게 깔려 있음을 감지할 수 있다. 그것은 전형적인 전사의 전술과 전략이지 어떤 의미로도 기사도의 덕목이 아니다.

이러한 특징은 우리의 교육 현실을 보면 더욱 분명해진다. 공교육은 표면적으로 기사도의 길을 가르치지만 별로 설득력이 없는데, 그것은 치열한 경쟁에서 승리하는 데 있어서 큰 도움을 주지 못하기 때문이다. 이제 교육이 전반적으로 전사를 기르는 사교육을 닮아가고 있다. 대학입학과 그 이후 취업전쟁에서의 승리가 교육이 존재하는 중요한 이유가 되며 과정상의 모든 문제를 정당화하고 있다.

우리 시대의 대학생들은 지식의 습득과 생산보다는 정보의 수집과 활용에 더 큰 관심을 보이는 경향이 있으며, 전공 영역에 대한 깊은 이해보다는 취업을 위한 도구로서의 인식이 더 강하다. 대학생의 서가에는 전투에서 이겨내고 승리를 달성하는 방법에 대한 무용담이 넘치지만, 성공의 의미에 대한 진지한 성찰의 기록이 별로 눈에 띄지 않는다. 어떤 의미로 우리의 교육 현실에는 전사들을 위한 잔혹한 훈련이 있을 뿐이지 기사를 양성하는 인간의 덕성교육이 점점 더 퇴색되어 가는 경향이 있다.

물론 세상을 보람 있게 살아가기 위해서 경쟁과 승리와 성공을 부정적으로만 보아서는 안 될 것이다. 그것은 인간의 생득적 본능이며 삶의 중요한 활력소가 되기 때문이다. 그러나 인간의 삶은 그러한 활력소의 저장 탱크가 아니다. 군대가 전사들로만 구성되어 있다면 전투에서는 이길 수 있을지 몰라도 전쟁에서는 승리할 수 없다. 혹시 전쟁에서 승리하더라도 그것은 무엇을 위한 것이었는지 그 의미를 음미하지 않으면 그것을 오래 지킬 수 없다.

우리가 그동안 정치·경제·문화의 여러 측면에서 이룬 성과는 전투력의 강화를 통해서 거두어들인 전리품들일 뿐인지도 모른다. 지금 상당히 늦은 감이 있지만 우리는 그것이 모두 무엇을 위한 것이었는지, 그리고 어디에 활용할 것인지를 좀더 진지하게 반성하지 않으면 안 된다.

격동의 시대에 교육이 해야 할 일

오늘날 우리나라뿐만 아니라 일반적으로 사회의 구조와 삶의 유형이 지나치게 경쟁적이어서 교육의 구조를 비정상적으로 승부욕을 자극하고 인간을 승자와 패자로 구분하는 경향이 있다. 이러한 경향이 심해지면 여러 가지 문제점들이 있겠지만 그 중에서도 가장 심각한 것은 우수한 인재들에게 너무 지나친 승부욕을 자극해 그들의 상상력이나 지성, 또는 건강조차도 위험에 빠뜨릴 위험이 있다는 점이다. 그중에서도 가장 뛰어난 두뇌와 탁월한 상상력의 소유자들이 '경쟁' 이라는 제단에서 희생양이 된다는 것은 매우 안타까운 일이다.

한편 경쟁이 지나치게 강조되는 시대에는 교육이 훈련의 측면에 더 큰 비중을 두기 마련이다. 교육을 받은 사람이 경쟁에서 낙오되면 안 되기 때문이다. 그런데 훈련에 치중하면 경쟁에서 이기는 것이 궁극적 목적이 되기 때문에 수단과 방법을 가리지 않고 승리에만 전념하게 된다.

이러한 상황에서 목적을 달성하기 위해서는 주로 세 가지 방향을 제시하는데, 능력을 기르는 것과 반칙을 범하는 것, 그리고 요행을 바라는 것이 그것이다. 능력은 타고날 수도 있고, 훈련을 통해서 습득할 수도 있다. 그러나 그러한 능력이 누구에게나 허용되는 것은 아니다. 그러므로 그러한 능력이 없으면서도 경쟁에서 이기려면 비정상적인 방법을 택하는 수밖에 없는데, 그것이 바로 반칙을 범하거나 범죄를 저지르는 방식이다.

만약 이러한 방식을 원하지 않으면 운명에 맡기거나 요행을 바라는 수밖에 없다. 경쟁이 과다한 사회에서 범죄율이 높고, 반칙과 불신이 팽배해지고, 기복 위주의 신앙형태가 만연하는 이유를 여기서 찾을 수 있는 것이다. 더구나 경쟁에서 이기는 것만이 모든 것을 정당화한다는 의식이 팽배해 거짓말을 하거나 반칙을 범하는 행위에 대해 수치심이나 죄의식을 별로 느끼지 않는 경향이 있는 것이다.

교육행위는 분명한 목적의식과 의도를 가지고 진행되어야 한다.

그런데 그것은 단순한 훈련이 아니기 때문에 반드시 인간으로서의 품위와 덕성을 함양하는 것과 유기적인 관계를 유지해야 한다. 그것이 전사의 특수 훈련과 기사를 위한 전인교육이 다른 이유이다. 그런데 널리 알려져 있는 바와 같이 현대의 교육적 상황은 교육과 훈련을 구분하지 못하는 데 문제가 있다. 기사의 품격과 자질을 지닌 탁월한 젊은이들까지도 전사로서의 훈련만을 거쳐 전쟁터로 내모는 데 문제가 있다는 것이다. 그런데 한국에서의 교육은 이러한 유형의 훈련을 더욱 철저하게 강화한다는 데 그 심각성이 있다.

소크라테스가 활동하던 고대 아테네는 정치적으로나 경제적으로, 그리고 문화적으로 우리의 현실과 구조적인 점에서 매우 유사하다. 민주주의나 상업주의, 상대주의 등이 그것이다. 그런데 더욱 심각한 유사점은 방향 감각을 잃은 역사인식과 영혼의 혼탁, 그리고 도덕적 타락 등이다. 그것은 소피스트들이 독점한 교육 실태의 당연한 결과였다. 그들은 한때 지중해 연안을 장악할 정도의 부귀와 영화를 누렸지만 그것을 감당할 정신력과 도덕력을 갖추지 못했다.

우리는 오늘날 단군 이래로 가장 잘살게 되었다고 자부심을 갖고 있지만 그 근거가 어디에 있으며 그것이 어떤 종류의 자부심인지 묻고자 하지 않는다. 전투에서 이긴 전사들의 자만심인지, 자기 자신을 극복한 기사들의 자긍심인지, 지금 우리는 우리들 자신에게 묻지 않으면 안 된다. 그러한 질문을 집요하게 제기할 때 진정한 의미의 교육은 비로소 이 땅에서 자리를 잡게 될 것이다.

소크라테스는 아테네인들이 경제적으로 풍요롭고, 정치적으로 자유분방하며, 문화적으로 개방적인 현상 자체를 비난하지는 않았다. 그러나 그는 그 모든 것이 무엇을 위한 것이며 무슨 의미를 지니는 것인지 아테네 시민들에게 물었다. 그것은 궁극적으로 아테네가 단순히 외형적으로 강하고 부유한 나라가 아니라 품격 있고 존경받는 나라가 되기 위해서라도 필요한 작업이라고 그는 믿었기 때문이다. 그러나 시민들은 그의 가르침에 귀를 기울이지 않았고 오히려 분노해 그를 처형했다.

교육은 격동의 시대일수록 더욱 어려운 과제일 뿐만 아니라 위험한 작업이기도 하다. 새로운 시대에 걸맞는 이상적인 인간상이 어떠한 것인지 선명하게 정립되어 있지 않기 때문이다. 더구나 소크라테스의 아테네와 우리들의 한국 사이에는 2,500여 년의 세월이 가로놓여 있고, 무엇보다 그가 상상조차 할 수 없었던 첨단의 과학기술이 군림하고 있다. 이러한 점을 간과해서는 오늘날 우리가 당면한 한국의 교육적 현실을 이해하기 어려울 것이다. 우선 과학기술시대의 교육이 어떠한 것이어야 하는지 이해하기 위해서라도 다음 8장에서 과학의 의미를 좀더 자세히 살펴볼 필요가 있다.

우리가 그동안 정치·경제·문화의 여러 측면에서 이룬 성과는
전투력의 강화를 통해서 거두어들인 전리품들일 뿐인지도 모른다.
지금 상당히 늦은 감이 있지만 우리는 그것이 모두
무엇을 위한 것이었는지, 그리고 어디에 활용할 것인지를
좀더 진지하게 반성하지 않으면 안 된다.

8장

과학을 제대로
이해하고 살아가기

우리가 과학에 관심을 갖는 이유

일반적으로 우리가 과학에 관심을 갖는 이유는 그것이 자연과 세계를 이해하는 중요한 방법 중의 하나이기 때문이다. 어떤 철학자들은 과학적 탐구야말로 존재의 세계를 객관적으로 이해하는 유일한 방법이며, 이러한 방법에 의해서만 실재가 그 모습을 드러낸다고 주장한다. 그러나 다른 철학자들은 과학적 탐구도 세계를 이해하는 여러 방법 중에 하나일 뿐이며, 그것을 지나치게 이상화하는 것이야말로 우리를 또 하나의 독단에 빠뜨리는 것이라고 비판한다.

철학이 진리의 탐구에 관여하는 한 그 어떠한 입장을 택하든 철학자는 과학에 대해 무관심할 수 없고, 또 절대로 무관심해서도 안 된다. 그러나 특히 최근에 철학자들이 과학에 주목하는 것은 그것이 진리를 탐구하는 데 도움을 줄 뿐만 아니라 존재의 세계를 변질시키고 새로운 가치를 창출한다는 사실에 있다. 과학과 불가분의 관계를 맺고 있는 과학기술의 발달과 여기서 파생되는 새로운 세계관과 가치관에 더욱 큰 관심을 기울인다는 것이다.

'과학'과 '기술'은 원래 이질적인 개념이다. 과학은 철학과 마찬가지로 자연과 세계와 인간 자신에 관한 지적 호기심을 충족시키기 위해 탄생했다. 그러므로 그것은 존재론 및 인식론의 영역과 밀접한 관계를 맺으며 발전해왔다. 물론 과학적 탐구의 방법, 다시 말해서 가설의 설정, 실험과 관찰, 그리고 추론과 검증 및 반증의 과정 등은 기술적 한계나 현실적 상황과 밀접한 관계를 지니기 때문에 기술과 실질적으로 구분된다고 말하기는 어렵다. 그럼에도 불구하고 과학적 탐구의 궁극적 목적은 존재의 실상을 파악함으로써 진리를 탐구하려는 인간의 지적 호기심과 연관되어 있음을 간과해서는 안 된다. 바로 그렇기 때문에 그것을 인위적으로 방해하거나 저지한다는 것은 가능하지도 않고 또 바람직한 일도 아니다.

한편 기술은 과학적 탐구의 성과를 현실생활에 유용하게 적용하기 위한 수단으로 나타난 것이기 때문에 그것은 본질적으로 가치의 영역에 속한다. 그러므로 기술은 그 유용성의 기준에 따라 선호도가 달라지며 그것을 이용하는 개인이나 단체, 혹은 정권에 따라 평가가 다양할 수밖에 없다. 결국 기술은 도덕적, 경제적, 군사적, 심지어 종교적 및 예술적 가치와도 밀접한 관계가 있으며, 그 파급 효과에 따라 권장되거나 통제되지 않으면 안 되는 것이다.

원래 학문으로서의 과학은 관조와 사유의 질서에 속하는 것으로서 행동이나 실천과는 직접적인 관계가 없는 것이었다. 그러나 근대 이후 과학적 탐구의 성과가 기술과 접목되면서 과학은 그 응용 가능성에 의해 평가되었고, 이른바 이론과 실천의 간격도 점차 좁아지게 되었다.

프랜시스 베이컨Francis Bacon이 "아는 것이 힘이다Scientia estpotentia"라고 했을 때, 그것은 종교적이거나 그 밖에 다른 방식으로 아는 것이 아니라 과학적으로 아는 것만이 자연을 지배하는 힘이 된다는 것을 의미했다. 과학적으로 안다는 것은 자연의 인과적 연쇄를 파악한다는 뜻이고, 그것을 파악한다면 자연의 운행을 예측할 수 있기 때문에 이러한 능력을 적절히 응용한다면 인류에게 유익한 결과를 가져올 수 있다는 것이다.

사실 베이컨의 이러한 가르침은 산업혁명 이후 인류가 이룩한 거의 모든 분야의 문명적 성과에 의해서 적중했음을 보여주었다. 그것이 오늘날 과학과 기술을 구분하지 않고 혼용하는 가장 중요한 이유 중에 하나일 것이다.

그러나 현대의 철학자들이 기술에 관심을 기울이는 것은 베이컨적 통찰 때문만은 아니다. 현대 과학의 첨단기술이 단순히 수족의 기능을 확장하는 수준에 그치는 것이 아니라 사물을 인식하는 매체를 고안할 뿐만 아니라 '사이버 공간cyber-space'을 창출함으로써 실제로 존재의 세계를 확장시키고 있다는 사실에 철학적 관심을 쏟는 것이다.

과학기술은 망원경이나 현미경을 통해서 칸트가 말하는 '본체 Noumena'의 세계에 침투해 '현상phenomena'의 영역을 확장시킬 뿐만 아니라 미시의 세계에 대한 정보를 제공하며, 이른바 '전자광장 electronic agora'으로 우리를 인도함으로써 통상적 의미의 '현실' 혹은 '실재'의 정체가 무엇인지를 자각하게 해준다. 이것은 단순히 인식론적 혹은 존재론적 의미의 '과학적' 탐구의 결과만이 아니라 그것을 적용한 기술의 성과인 것이다.

기술이 객관적으로 존재하는 세계에 대해 중립적으로 혹은 수동적으로 관계하는 단순한 도구에 지나지 않는다고 생각하는 것은 이와 같이 피상적인 관찰에 근거한 오류에 지나지 않는다. 그러한 견해는 기술적 '매개'를 너무 과소평가하는 것이며, 인식과 존재의 문제를 왜곡시킬 수 있는 위험을 안고 있다.

인간의 감각적 지각과 오성적 판단이 세계와 인간의 관계를 규정하면서 현상의 근거에 관여하듯이 이제 기술은 현실의 근거를 제시하는 데 적극적으로 참여하고 있다. 근대의 합리론자들이 '생득관념 innate idea'을 중시하고, 경험론자들도 지각의 형성과정에 몰두했듯이, 현대 철학자들은 유전 공학이나 대뇌 생리학 등에서 활용하는 기술에 주목하지 않으면 안 된다. 그것은 인간의 인식 상황을 해명할 뿐만 아니라 존재의 성격을 동시에 규정하기 때문이다.

하이데거Martin Heidegger의 표현을 빌리면 기술은 인식의 주관에 침투해 현실을 열어 밝히며, 그래서 그동안 은폐되었던 신비의 영역에 빛을 던져준다는 의미로 '진리aletheia' 탐구에 관여한다. 다시 말해서 인식의 종류와 능력 혹은 상황에 따라 존재의 양상이 달라지듯이, 이제 기술의 수준과 그 유형에 따라 현실에 대한 이해가 달라지고 자연과 세계의 존재가 변모된다는 것이다. 그는 『기술과 전향』에서 이렇게 주장한다.

따라서 기술은 그저 하나의 수단만은 아니다. 기술은 탈은폐의 한 방식이다. 이러한 점에 유의한다면 기술의 본질이 갖는 전혀 다른 영역이 우리에게 열린다. 탈은폐의 영역, 즉 진리의 영역이 바로 그것이다.

하이데거는 이어 "우리가 기술적인 것만을 생각하고 그것을 이용하는 데만 급급해 거기에 매몰되거나 그것을 회피하는 한 기술의 본질에 대한 우리의 관계를 결코 경험할 수 없다"고 주장한다.

이와 같이 과학이 과학기술과 유기적인 관계에 있는 것은 사실이다. 그러나 과학이 곧 과학기술을 의미하는 것은 아니다. 비록 과학기술이 과학적 탐구의 과정에 영향을 미치고 그 탐구의 결과인 과학지식에도 결정적으로 작용하는 것이 사실이지만 이 모든 것을 과학기술이라고 할 수는 없기 때문이다.

과학정신이란 무엇인가?

이미 지적한 바와 같이 과학은 원래 철학과 함께 근원 물질에 대한 지적 호기심을 충족시키기 위해 태어났다. 우리가 물이 존재의 근원 물질이라고 주장한 탈레스Thales를 철학의 시조임과 동시에 최초의 과학자이기도 하다고 간주하는 이유가 여기에 있다. 그는 사변과 직관뿐만 아니라 비록 치밀하지는 못했지만 관찰과 실험 및 논증을 통해 그러한 결론에 도달했기 때문이다. 그리고 바로 이 탐구의 방법 때문에 그를 과학자로 인정하는 것이다.

사실 과학의 본질을 구성하는 것은 과학적 지식에 도달하는 탐구의 과정, 그리고 그 과정에서 취하는 과학자들의 자세라고 말할 수 있다. 이것을 우리는 '과학정신'이라고 할 수도 있는데 여기에 과학의 모든 특징이 담겨 있기 때문이다.

널리 알려져 있는 바와 같이 19세기 말경 서구문명이 동아시아로 거침없이 밀려왔을 때 중국에서는 중체서용中體西用, 일본에서는 화혼양재和魂洋才, 그리고 우리나라에서는 동도서기東道西器의 논리를 내세웠다. 서로 강조하는 점이 다소 다르기는 했지만 한마디로 요약하면 정신문화는 우리가 우월하지만 기술문명이 쓸모가 있으니 그것만 받아들이자는 입장이었다. 이미 그러한 태도는 대체로 말해서 지금까지 지속되고 있는 것이 아닌가 하는 의구심을 떨쳐버리기 어렵다. 서구의 과학기술문명이 인류의 생존을 위협할 정도로 많은 문제를 야기했고 아직 뚜렷한 해결책이 보이지 않으므로 심지어 동양의 고전에서 대안을 마련하자는 사람들이 많이 있기 때문이다.

일본은 재빨리 과학기술을 습득해서 표면상 선진국의 반열에 들어섰고 한국과 중국도 갈 길을 재촉하고 있지만, 관심은 여전히 그 수준에 머물러 있는 듯하다. 다시 말해서 과학기술을 가능하게 한 이른바 '과학정신'에는 별로 신경을 쓰지 않는다는 것이다. 그렇다면 그 정신은 무엇인가?

이미 언급한 바와 같이 과학은 지적 호기심을 충족시키기 위한 탐구의 한 형식이다. 그러나 이 형식은 인간이 보편적으로 지니고 있는 이성적 판단과 감각적 지각의 능력에만 의존한다. 그것이 바로 과학이 연금술이나 점성술 등 갖가지 주술뿐만 아니라 철학과 신학과도 구분되는 이유다. 과학정신은 오직 실험과 관찰을 통해 얻어낸 자료를 근거로 해서 논증이란 방식으로 새로운 지식을 획득하려는 탐구의 정신이다. 그리고 과학지식 혹은 과학정보는 그러한 탐구의 과정을 거쳐서 얻어낸 성과물이다.

이러한 지식은 항상 가설의 성격을 지니며 끊임없이 진보해왔고 바로 그렇기 때문에 영원하고 불변하는 진리라고 할 수는 없지만, 그럼에도 불구하고 그것은 전통적인 세계상과 인간관, 가치관뿐만 아니라 일상생활에 있어서 우리의 사고방식과 생활태도를 급격하게 변모시켰고, 또 앞으로도 계속 그러한 양상을 보여줄 것임이 틀림없다.

이와 같이 과학적 탐구의 방법에는 분명히 한계가 있고, 과학적 지식의 내용도 끊임없이 변화하며, 과학기술도 제한된 영역에서만 활용될 수 있지만 한 가지 부인할 수 없는 것은 그러한 것들이 우리의 시대를 풍미하고 있다는 것이다.

그런데 왜 하필 우리는 과학정신의 중요성을 말하는가? 그것이 과학기술시대의 시대정신이고 이 모든 현상의 근거가 되며 미래를 창출하는 궁극적 원인과 계기가 될 것이기 때문이다. 그렇다면 과학정신의 특징은 과연 무엇인가? 과학정신에는 적어도 다음과 같은 다섯 가지 특징이 있다.

첫째, 그것은 합리적 태도를 지닌다. 그 탐구의 방법에서 볼 수 있듯이 인간이라면 누구나 지니고 있는 감각적 지각과 이성적 판단에만 의존하기 때문에 과학은 합리적이다. 특히 가설을 설정하는 과정에서 그것은 개인의 직관과 상상력, 때로는 영감 같은 것에 의존할 수 있지만, 거기에 머물러 있지 않고 반드시 경험적 증거와 합리적 논증을 거쳐야 한다는 점에서 합리성을 지닌다. 그리고 인간의 합리성이 지닌 구성적이고 체계적인 측면을 갖추고 있는 동시에 성찰적이고 비판적인 면모를 동시에 갖추고 있다는 것이다.

둘째, 그것은 비판적 입장을 취한다. 과학자의 세계에는 영원한 진리나 절대적 권위는 존재하지 않고, 그 어떠한 이론도 참신한 가설과 더욱 면밀한 실험과 관찰의 방법, 그리고 좀더 세련된 추론의 방법을 통해서만 항상 새롭게 검토된다는 점에서 비판적이다. 이러한 비판을 받아들이고 한층 더 진리에 가까이 다가가려는 태도를 지니지 않는다면 과학적 탐구 자체가 성립되지 않았을 것이다. 그리고 그 비판은 다른 과학자들이나 이미 존재하는 과학이론을 겨냥할 뿐만 아니라 자기 자신의 업적이나 앞으로 존재할 어떤 이론에 대해서도 마찬가지라는 점에 유의할 필요가 있다. 이와 같이 과학은 궁극적으로 자기비판의 과정을 거쳐서만 새로운 형태의 포괄적이고 체계적인 진리에 도달할 수 있는 것이다.

셋째, 그것은 개방적 자세를 지닌다. 과학은 탐구의 과정에서 자주 실수와 오류를 범하지만 그것이 검증되거나 반증되면 그 결과를 기꺼이 받아들인다는 점에서 개방적이다. 과학적 진리가 다른 종류의 진리와는 달리 끊임없이 개선되고 그 축적의 과정을 통해서 오늘의 수준에 이르렀음을 부인하기는 어려울 것이다. 이것은 어떠한 비판에 대해서도 그것이 합리적인 증거에 따른 것이면 기꺼이 받아들인다는 개방적인 태도에 근거한 것이다. 이러한 태도 때문에 과학적 진리는 종교적 진리와 달리 영원하고 불변한 것은 아니지만 무한히 진보할 수 있는 가능성을 지니는 것이다.

넷째, 그것은 보편적 성격을 지닌다. 과학적 탐구의 성과는 어느 시대나 지역, 혹은 특정한 국가나 민족 등에만 국한되는 것이 아니라 우주의 삼라만상에 골고루 적용될 수 있다는 점에서 보편적이다. 또한 그것을 적용한 기술이 어느 특정한 부류의 개인이나 집단에만 귀속될 수 없다는 점에서도 보편성을 지닌다. 그것은 모든 물질과 생물, 혹은 모든 인간을 탐구의 자료로 삼기 때문이며 그 성과가 균등하게 이 대상들에 적용된다는 뜻이기도 하다. 물론 과학자에게는 조국이 있고 어느 특정한 공동체에 속해 있는 것도 사실이지만, 정상적인 탐구에 임하기 위해 그 조건과 한계를 극복하고자 하는 것이 곧 과학자의 임무인 것이다.

마지막으로 다섯째, 그것은 자율적인 태도를 지닌다. 과학자는 공동체 안에서 관습을 준수하고 규범을 지키며 일정한 패러다임을 수용하는 경우도 있지만, 그것은 방법론상의 장치이거나 연구를 수행하는 과정의 일부일 뿐이지 거기에 갇혀 있지 않으며 이 모든 것은 결국 극복되기 위해서 과도기적으로 존재할 뿐이다. 과학자에게 기존의 이론은 소중하지만 새로운 진리는 더욱 소중하다. 과학자는 반드시 불확실성을 인정하고 항상 회의를 품으며 어떠한 형태의 권위도 인정하지 않음으로써 자율성의 전형을 보여준다. 종교적 진리는 종교인을 자유롭게 하지만 과학적 진리는 무지에서의 해방을 통해 모든 인간을 자유롭게 하는 것이다. 이것은 결국 과학정신의 자율성에 근거해 있는 것이다.

아마 이 다섯 가지 외에도 더 많은 특징들이 있을 것이고, 이러한 특징들이 서로 유기적인 관계에 있는 것도 사실이다. 그런데 흥미로운 사실은 이 정신의 대부분은 이미 소크라테스가 자신의 삶을 이끌어갔던 자세였으며 의연하게 죽음을 맞이했던 바로 그 순간에 표출된 것이었다는 점이다. 비록 그는 자연의 섭리를 이해하는 데 별로 관심을 보이지 않았고 과학적 탐구에 열중하지도 않았지만 바로 과학정신을 체득하고 그것을 실천하며 삶 전체를 영위했다고 말할 수 있는 것이다. 과학자들은 이 정신을 과학적 탐구의 과정에 반영하고자 노력했을 뿐이다.

과학을 교육한다는 것의 의미

칼 포퍼에 따르면 소크라테스야말로 과학정신의 핵심인 비판적 합리성의 화신이라고 한다. 또한 포퍼는 당연한 일이겠지만 과학자들이야말로 이러한 특징을 가장 잘 터득하고 있다고 말한다. 과학자들이야말로 자연의 섭리 앞에서 합리적이고 비판적일 뿐만 아니라 개방적이며 보편적인 동시에 자율적인, 적어도 과학적 탐구에 임하고 있는 한 그렇게 되려고 노력하는 인간들이라는 것이다.

그 좋은 예를 우리는 저명한 물리학자인 리처드 파인만Richard Feynman의 증언에서 확인할 수 있다. 그는 이렇게 말한다.

내가 과학의 분야에서 성공하는 유일한 방법은 무엇이 어떻게 되어야 한다는 생각과 상관없이 증거만을 매우 조심스럽게 제시하고 서술하는 것이다. 어떤 이론을 만들었다면 그 이론의 좋은 점과 나쁜 점을 동시에 설명해야 한다. 과학을 함으로써 순수와 정직이라는 규범을 저절로 배우는 것이다.

리처드 파인만은 또한 〈과학의 가치〉라는 강연에서 "과학자는 어떤 문제의 해답을 모를 때 무지한 것이며 그 결과를 어느 정도 예상만 할 수 있다면 불확실한 것이고 과학자로서 어느 정도 자신이 있더라도 여전히 회의에서 헤어나지 못한다"고 술회한다.

그런데 과학정신이 지닌 이러한 특징은 과학자들의 집단에만 국한되는 것이 아니다. 바로 그러한 정신을 구현해야 상업문화가 자본주의와 시장경제로 확대될 수 있고, 봉건적인 폐쇄사회가 자유민주주의로, 그리고 독점적인 제국주의적 문화가 개방적인 다원적 문화로 발전할 수 있는 것이다. 한마디로 우리가 누리고 있는 자본주의적 시장경제 체제나 자유민주주의 정치제도, 다원적 문화형태 등이 적어도 부분적으로는 과학정신의 구현들이라고도 말할 수 있다. 포퍼가 '개방사회'의 전형을 과학자 집단에서 찾은 이유도 바로 여기에 있는 것이다.

무엇보다 이러한 과학정신의 특징을 보면 그 열매인 과학지식의 성격이 드러난다. 과학지식은 현상적 세계의 무수한 국면에 대해 인간이 가지고 있는 이해일 뿐이다. 그러므로 이 지식은 거듭 강조하거니와 결코 절대적이고 영원하며 불변하는 진리가 아니다. 그것은 물론 인간이 지닌 인식의 한계 때문이지만 과학적 탐구의 특성과 그 방법의 한계 때문이기도 하다. 그러나 바로 이 특성과 한계를 의식적으로 인정하기 때문에 과학적 지식은 끊임없이 진보하고, 이러한 지식을 통해 우리는 좀더 개선된 인간관과 세계관, 가치관 등을 갖추게 되는 것이다. 과학은 더욱 성능 좋은 망원경이나 현미경 및 더욱 세련된 추론의 방식을 통해서 중단 없이 우리에게 유기적이고 포괄적이며 효율적이고 심도 있는 지식을 제공한다는 것이다.

이러한 현상은 지금까지 나타났듯이 앞으로도 계속 지속적으로 전개될 것임이 틀림없다. 그리고 그 동기는 대부분 과학을 기술로 전환시켜 자연을 착취하려는 데 있는 것이 아니라 인간의 원초적인 지적 호기심을 충족시킴으로써 자연의 신비를 완전히 해명하려는 데 있는 것이다.

과학지식은 자연을 통제하고 이용하는 측면도 있지만 원초적으로는 오히려 그것을 이해하고 설명하려는 인간의 욕구에서 발생한다고 보아야 할 것이다. 그것을 달리 표현한다면 신이 그동안 감추어둔 창조의 신비를 들추어내려는 욕구의 충족에서 과학이 비롯되었다고 말할 수도 있을 것이다.

이러한 욕구를 충족시킴으로써 특히 20세기 후반에 이루어진 현대 과학은 자연과 인간에 관한 인식에서 여러 모순들을 제거했다는 점에서 주목을 받아야 하며, 이것은 사실 과학의 기술적 응용보다 더 중요한 것이다. 이러한 인식이 새로운 세계관이나 인생관, 가치관 등을 형성하는 데 있어서 현대인에게 가장 핵심적 역할을 하기 때문이다. 사실 우리 현대인들은 물리적 세계에 대한 우리의 관념들이 인류의 역사에서 얼마나 최근에 형성된 산물인지 의식하지 않는 경향이 있다. 여기서 무엇보다 중요한 것은 인간 자신에 관한 과학적 탐구의 성과라고 할 수 있다.

일반적으로 인간의 정체성을 다룰 때 우리는 다른 동물이나 인간들과의 차이, 자연에서의 위치, 혹은 초월적 존재인 신과의 관계를 중심으로 접근하는 경향이 있었다. 그동안 우리는 이성적 사유와 판단의 기능을 부각시켰고, 자연과의 대결 구조를 통해 그것을 이용하고 제어할 수 있는 능력을 강조했으며, 신의 특별한 피조물로서 그의 은총과 구원을 약속받은 존재로 자처하기도 했다.

그러나 오늘날 우리는 이러한 문제에 지난날처럼 그렇게 큰 관심을 기울이는 것 같지는 않다. 오히려 다른 동물보다는 우리들 자신이 만든 기계와의 본질적 차이에 더 큰 관심이 있으며, 자연을 어떠한 방식으로 어느 수준까지 다스려야 하는지, 그리고 신이 존재하지 않더라도 공생의 지혜와 영생의 기술을 과학적으로 터득하는 방법이 무엇인지를 모색하고 있는 것이다. 이 모든 변화가 과학지식이 제공하는 세계와 자연과 인간 자신에 관한 정보에 근거해 있음을 간과해서는 안 될 것이다.

지금까지 우리는 과학을 세 가지 국면, 즉 과학정신과 과학지식, 그리고 과학기술로 나누어 고찰해보았다. 과학정신은 과학적 탐구의 과정에서 과학자들이 탐구에 임하는 태도와 자세, 그 방법 등이며, 과학지식은 이러한 과정에서 얻어낸 자연과 인간에 관한 지식과 정보를 말한다. 그리고 과학기술은 이러한 과정에서도 많이 개입되지만 거기서 얻은 과학지식을 삶의 방식과 그 현장에 적용한 결과를 말한다.

그러므로 과학기술시대를 성공적으로 살아간다는 것은 주로 현대 과학을 창출한 과학정신과 과학지식을 터득하고 그것을 응용한 과학기술에 익숙해진다는 것을 의미한다. 따라서 과학을 교육한다는 것은 단순히 과학기술을 습득시키는 것이 아니라, 과학의 이 세 국면을 온전하게 이해시키고 그것을 세계관이나 인생관, 혹은 가치관을 형성하는 데 기초가 되게 할 뿐만 아니라, 급변하는 과학기술시대에 원만하게 적응해 자신의 사고방식과 생활태도에 반영하도록 돕는다는 것을 의미하는 것이다.

이것은 물론 미래의 사회에서는 과학적 탐구가 더욱 진척되고 과학지식이 확산되며 과학기술의 특성이 보편화될 것을 전제로 한다. 사실 그러한 특성이 확산되어 근대 이후 그동안 자유 민주주의 정치제도, 자본주의 시장경제체제, 그리고 다원주의 문화형태를 창출했으며, 이러한 양상은 분명히 어떤 형태로든 미래 사회에서 더욱 심화될 것이다. 따라서 새로운 인간상은 이러한 사회에 효율적으로 적응하고 그것을 바람직한 방향으로 유도할 수 있는 능력을 체득한 인간이어야 한다. 과학을 교육한다는 것은 곧 이러한 능력을 기르는 데 사회적 차원에서 제도적 장치를 마련한다는 것을 의미하는 것이다.

과학교육의 방향과 비판적 합리성

일반적으로 지식을 갖는다는 것은 일차적으로 지적 호기심을 충족시키기 위한 것이라고 할 수 있다. 그러나 자세히 보면 그러한 호기심의 충족은 그 자체로서, 즉 '아는 즐거움' 자체로서만 즐기는 것이 아니다. 대부분의 경우 지식을 갖춤으로써 우리는 무지에서 벗어나고 더 많은 것을 볼 수 있게 되며, 마침내 많은 것을 해낼 수 있는 능력을 갖추게 된다. 물론 사물에 대해 더 많이 안다고 해서 그만큼 능력이 더 생기고 이것이 곧바로 행동으로 이어지는 것은 아니지만 일단 그러한 가능성을 더 많이 갖추게 되었다고 말할 수 있다.

그리고 이러한 가능성을 갖추었다고 믿으면 우리는 그만큼 더 자유를 누린다는 상념에 젖게 된다. 가령 중세에 지식을 갖는 것은 보편적 진리를 터득하는 것을 목표로 했을지 모르나 일단 그 시대의 가치관이나 세계관, 특히 종교관에 걸맞은 지식을 습득하는 데 주력했을 것이다. 그렇게 해야만 그 시대에서 더 많은 자유를 누렸을 뿐만 아니라 삶을 성공적으로 행복하게 살아갈 수 있었을 것이기 때문이다. 그 당시에 '교양과목artes liberalis'이 어떠한 것이었는지 살펴보면 이 점이 분명해진다.

그 당시의 교양과목은 '노예가 아닌 자유인이 되기 위해서 습득해야 하는 기술'로, 그들은 문법, 수사학, 논리학, 변증법, 산술, 기하학, 천문학, 그리고 음악을 포함시켰다. 그런데 이것은 원래 그대 그리스에서 개발된 과목이지만 모두 기독교에서 말하는 자연의 섭리와 신의 의지를 간파하는 기술이라는 성격을 지니게 된 것이었다. 사실 수사학조차도 초기에는 거부되었으나 복음을 전파하고 지식층을 설득하는 데 효과적이라고 인정되어 적극적으로 활용되었던 것이다.

이러한 전통은 근대에까지 이어져서 르네상스 시기에도 그리스어와 라틴어가 교양과목에서 중요한 역할을 담당했는데, 그 궁극적인 목적은 그리스와 로마의 고전과 기독교의 교리를 제대로 이해하기 위한 것이었다. 물론 지금의 관점에서 보면 다소 독단적이고 고루하며, 오류가 많고 심지어 억압적인 요소가 있다고 평가할지 모르나 그 당시로서는 이러한 종교적 인문교육이 '자유인이 되기 위한 방편'이라고 간주되었던 것이다.

그렇다면 오늘날 자유인이 되기 위한 교육은 무엇인가? 여기에는 물론 전통적으로 전수되어온 종교적·도덕적·예술적 가치들을 함양하기 위한 인문교육들이 있겠지만 가장 중요한 것은 역시 앞서 언급한 바와 같이 다양한 차원의 과학교육이다. 과학기술시대에 과학에 대한 무지와 편견과 오해를 가지고는 결코 자유인이 될 수 없기 때문이다. 정원식 교수가 『교육발전의 시각』에서 지적하듯이 '현대적인 인간'이 되기 위해서 갖추어야 할 가장 중요한 요건이 '과학적 사고방식'인 것이다. 그는 이것을 이렇게 설명한다.

과학적 사고방식은 어떤 진술을 일단 회의로써 대한다. 그 진술의 옳고 그름을 그 발설자의 권위에 의해서가 아니라, 자신의 판단에 의해 정한다. 이 판단은 엄밀한 관찰, 검토, 실증의 기초 위에서 행해진다. 거기에는 선험적인 관념이나 기존의 권위가 개제하지 못한다.

그는 이어 이러한 사고방식이 서구를 현대화하는 데 절대적인 역할을 했으며 서구인이 자신감을 갖는 데 기여했다고 지적한다. 그리하여 서구인들은 "자신의 능력과 가능성을 발견하게 되어 그들 자신의 이성의 힘으로 자신의 문제, 환경과의 대결에서 일어나는 문제를 해결할 수 있다는 자신을 갖게" 되었다는 것이다. 그런데 이것이 바로 소크라테스적 사고의 핵심이 아닌가.

이미 지적한 바와 같이 과학에 대한 포괄적인 접근이 필요하지만 무엇보다 과학적 사고방식을 함양하기 위해서는 과학정신에 대한 올바른 이해와 체계적인 교육이 가장 절실하다. 적어도 부분적으로는 현대 사회의 생활양식과 사회구조가 과학정신의 산물임을 충분히 이해시켜야 한다는 것이다.

그것을 우리는 자율성과 비판성, 합리성과 개방성, 보편성 등으로 이해했지만 중첩되는 것이 많이 있고 서로 보완관계를 이루기도 하는데, 그 중에서도 가장 중요하고 포괄적인 것이 합리성이며, 특히 독단적 혹은 체계적 합리성이 아니라 비판적 혹은 반성적 합리성이다. 이것만이 과학적 세계관과 가치관의 한계를 극복하고 끊임없이 혹은 점진적으로 진리에 접근하는, 그리고 진정한 민주시민으로서의 조건을 갖추게 하는 통로를 마련할 것이기 때문이다.

합리성에 대해서 그동안 많은 논란이 있어왔다. 합리적이라는 것이 무엇이며, 그것이 지니는 한계를 어떻게 극복할 것인지 등이 논의의 주제가 되었다. 또한 과학기술문명이 낳은 서양의 도구적 합리성이 인간을 오히려 속박하고 억압하는 기재로 악용되는 것이 아닌가 하는 의문이 제기되기도 했다. 이와 같이 합리성은 여러 가지 맥락에서 다룰 수 있고 또 다양한 방식으로 규정될 수 있지만 일단 그것은 인간이 지닌 이성적 사고와 판단 능력의 표현이라고 할 수 있다.

이성적 능력에는 한계가 있고, 따라서 사물의 본질과 현상의 구조를 인식함에 있어서 이 능력에만 의존하는 데는 분명히 무리가 있다. 더구나 이성은 다른 기능인 감정과 의지 등과 엄격하게 구분하기 어려운 측면도 있다. 그러므로 어느 특정한 문화권에서 그것을 독점하고 강요하기도 하고 때로는 과장하기도 하는 것이다.

그러나 한 가지 분명한 것은 바로 이 합리성이 인간을 다른 동물과 차별화해온 특성이며 기준이었다는 점이다. 더구나 어떠한 형태로든 과학이 이 시대를 지배한 이유도 합리성을 효과적으로 표출해온 이유이며, 과학기술이 발달한 국가나 민족이 앞으로도 계속 세계를 지배하고 선도하며 인류의 향방을 좌우하게 될 것이라는 것도 바로 이 합리성 때문이다.

앞서 언급한 바와 같이 합리성은 두 가지 전혀 다른 기능이 있다는 것을 간과해서는 안 된다. 하나는 독단적 합리성이고, 다른 하나는 비판적 합리성이다. 우리는 독단적 합리성에 의해 사물과 현상을 개념화하고 체계화하며, 이성의 이러한 기능에 의해서 과거의 사건에 의미를 부여할 뿐만 아니라 미래의 사건을 예측하기도 한다.

우리는 이러한 유형의 합리성에 의존해서 철학적 및 과학적 이론을 창출하기도 하며, 정치적 이념이나 종교적 권위를 정당화하고 심미적 가치를 미화하거나 승화시키기도 한다. 그리고 그러한 기능이 지나치게 고도로 발전하면 할수록 객관적 세계나 구체적 현실과 거리가 멀어지고 사물과 현상을 관념화하거나 사변화하며 우상화하는 경향도 있다. 그동안 인류가 창출한 문화의 원동력은 바로 이러한 이성적 기능의 표출이었다고 말할 수 있다.

한편 비판적 합리성은 독단적 합리성에 의해서 개념화되고 체계화된 이론을 검토하고, 관념화되고 사변화된 세계관이나 가치관을 비판적으로 검토하고 수용하는 능력이다. 이러한 기능에 의해서 철학은 사변적이거나 관념적인 요소를 많이 극복할 수 있었고, 과학은 그 탐구의 영역을 확장할 수 있을 뿐만 아니라 좀더 세련된 모습으로 발전할 수도 있었다. 종교가 신화와 무속의 세계에서 벗어나 맹신과 독단의 자세를 극복하고 더욱 보편화되고 심화된 형태로 진화할 수 있었던 것도 바로 합리성의 비판적 기능에 호소했기 때문일 것이다. 그러나 이성의 이러한 측면이 가장 적극적으로 적용되고 광범위하게 활용된 분야는 역시 자연과학이라고 할 수 있다.

인류의 문명과 다양한 문화현상이 합리성의 작동 없이 기능하지 않았겠지만, 그 중에도 자연과학이야말로 가장 철저하게 그것을 온전하게 현실화하고 실용화한 분야라고 말할 수 있다. 특히 비판적 합리성이 실험, 관찰, 추론과 논증이라는 형태의 구체적이고 경험적인 증거에 의해서 제시되고, 그것이 연속적인 검증 혹은 확증이나 반증에 의해서 검토되며, 그동안 이러한 과정을 견지하지 않았다면 이른바 실증적인 '경험과학'은 그 모습을 드러내지 못했을 것이다.

그런데 비판적 합리성의 가장 전형적인 모습을 우리는 소크라테스에게서 발견할 수 있다. 그는 이미 살펴본 바와 같이 당시의 사고 체계를 지배하던 종교적 관행이나 도덕적 상황, 정치적 권위, 예술적 상상력 등 모든 현상에 대해서 비판적 검토를 시도했다. 그 대상에는 성역이 없었다. 심지어 모든 것을 비판하는 자기 자신과 그 능력까지도 비판의 대상이 되었다. 이것이 바로 그가 상대주의와 회의주의에 기울었던 이른바 '소피스트들'과 다른 점이었다. 소크라테스는 가령 프로타고라스와 달리 "인간이 만물의 척도가 될 수는 없다"고 확신했기 때문이다.

소크라테스가 '무지의 지'의 경지에 도달한 것은 비판적 합리성의 가장 걸출한 성과였다고 말할 수 있다. 플라톤은 이에 비해 독단적 합리성을 극대화해 관념론적 철학의 효시가 되었지만, 이를 비판적으로 수용한 아리스토텔레스는 실증적인 태도를 도입함으로써 체계적인 경험과학의 성립에 결정적인 계기를 마련했다.

그러나 이러한 능력이 과학기술 시대가 더 진척될수록 자연적으로 터득되는 것은 아니라는 점을 유의해야 한다. 말하자면 자동차 운전에 익숙하면서도 습관적으로 난폭한 운전을 하고, 전문적으로 컴퓨터 프로그램을 사용하고 있으면서도 점쟁이를 찾아가는 것 등이 그 좋은 예라고 할 수 있다. 이것은 중세의 기독교 사회에서도 인간이 저절로 기독교적 신앙인이 되는 것은 아니라는 이유와 비슷하다. 과학기술시대에서도 과학정신의 체득은 과학지식이나 과학기술과 마찬가지로 체계적인 훈련과 치밀한 교육 프로그램에 의해서 전수되고 터득되어야 하는 것이다.

한편 과학정신의 교육은 피교육자의 수준에 따라 그 방식과 내용이 조정되지 않으면 안 될 것이다. 초중등학교는 기본적으로 문화의 전수 기능에 역점을 두어야 하기 때문에 숙련되지 않은 상태에서 비판적 사고나 개방성 혹은 자율성 같은 것을 너무 강조하면 성격형성에 장애가 될 수 있다. 그러므로 과학정신의 교육은 고등교육의 단계로 올라갈수록 더욱 심화해 민주사회의 성숙한 시민을 양성하는 데 체계적으로 도움이 되도록 실시하는 것이 더 바람직할 것이다. 이와 같이 책임 있는 자율적 인간의 덕목을 우리는 과학정신에서 배울 수 있는 것이다.

또한 과학정신에서 부각되는 특성들은 일반적으로 인성교육에 해당되는 것임을 간과하지 말아야 한다. 자율성이 책임감의 근거가 되고, 합리성이 보편적 가치의 추구라는 형태를 띠며, 비판적이고도 개방적인 태도가 자기 자신에게까지 적용될 때 우리는 차원 높은 인성을 갖추게 될 수밖에 없다. 물론 우리가 모두 과학자가 될 수 없고 모든 과학자들이 파인만처럼 '겸손의 미덕'을 실감하거나 그것을 갖추었다고 말할 수는 없지만, 그러한 태도가 습관화되면 결국 고상한 성품의 형성과 연결될 것이기 때문이다.

과학지식의 교육과 관련해 강조해야 할 점은 이러한 지식이야말로 사물과 현상을 가장 깊고 넓게, 그리고 멀리 바라볼 수 있는 안목을 길러준다는 사실이다. 그리고 그러한 지식은 비록 완벽한 것이 아닐지라도 검증이나 반증에 의해서 항상 발전하고 성장하는 지식이며, 이러한 지식을 터득함으로써 막연한 공포에서 벗어나 참된 자유와 계몽에 이르게 하는 효과를 향유할 수 있다는 것이다. 또한 사물을 더 깊고 넓게, 그리고 멀리 보면 단순히 더 많은 사물을 보게 될 뿐만 아니라 같은 사물에서 더 많은 것을 보기도 한다. 그 사물에 관한 많은 사실을 발견할 뿐만 아니라 그 사실들을 통해 더 심오한 의미들을 발굴해낸다는 뜻이다.

이러한 능력을 길러내는 교육을 우리는 창의성 교육이라고 할 수도 있다. 그것은 다른 사람들이 보지 못한 것들을 보고 거기에 독창적인 의미를 부여하는 것 외에 아무것도 아니기 때문이다. 반 퍼슨 C. A. van Peurson에 따르면 창의성이란 "체계에서 벗어남"을 의미하며, "과거의 익숙한 틀에 맞추어 문제에 접근하기보다는 좀더 새롭고 넓은 시야를 통해 접근하는 태도"이고, 한마디로 "고정관념을 깨뜨리는 것"이라고 한다. 그는 『급변하는 흐름 속의 문화』에서 이렇게 설명한다.

우리는 '새로운 것'을 배울 수 있다. 하지만 '새로운 것'은 정보를 새로 수집하고 새로 나온 책을 수집한다는 의미가 아니다. 그것은 이미 잘 알고 있는 문제를 새로운 시각에서 본다는 말이다. 이미 알고 있는 옛것을 새로운 방식으로 보는 것, 이것이 창의성의 학습이다. 따라서 창의성은 새로운 것을 덧붙이는 것이 아니라 이미 있는 것에 새로운 형식을 부여하고 새로운 관계에서 사물을 다시 보는 것이다.

만약 과학기술 교육에 치중하면 창의성은 단순히 창의적인 과학자를 양성하는 데 필요한 덕목으로 이해될 수 있고 교육의 목표 중 하나로 간주할 수 있지만, 그것은 과학지식의 교육에서 오는 부산물에 지나지 않는 것이다. 이것은 과학정신의 반영에서 나온 부수적인 특성과 비슷하다.

끝으로 과학기술과 관련된 교육은 새로운 환경에 능동적으로 대처함으로써 외적 적응력을 갖추는 데 불가결한 요소다. 이러한 능력이 결여되면 더욱 가속화되는 정보화 현상과 이에 근거한 유비쿼터스 시대를 감당할 수 없을 것이며, 복제된 인간과 유능한 로봇들과의 원만한 관계를 유지하기도 어려울 것이다.

기술의 습득과 함께 그 의미를 동시에 음미할 수 있도록 돕는 것이 중요하다. 이미 언급한 바와 같이 오늘날 기술은 단순히 생활의 수단에 머무는 것이 아니라 자연과 인간을 인식하는 주체에 관여함으로써 세계관과 가치관, 그리고 인간관을 변질시킨다는 사실을 환기시켜야 하는 것이다.

또한 현대의 기술은 자연의 법칙에 순응함으로써 그것을 역이용한다는 베이컨적 전제를 더 이상 따르지 않는다는 점을 주지시켜야 할 것이다. 가령 풍차는 그 날개가 바람의 힘으로 돌아가게 함으로써 풍력을 얻어낸다. 그러나 현대의 '풍차'는 기류의 에너지를 저장하기 위해 개발되며, 그 목적을 달성하기 위해 필요하다면 자연의 법칙을 거역한다. 환경 재해가 이렇게 도전하는 과학기술에 대한 자연의 응징이라고 이해하는 견해도 있다. 그러므로 과학기술의 교육은 단순히 과학자를 양성하거나 미래 사회의 시민을 계몽하는 것 외에 과학 문명의 비판 요소를 포함해야 한다.

지금까지 우리는 과학을 과학정신과 과학지식, 그리고 과학기술의 세 국면으로 나누어보고 그 교육이 어떻게 이루어져야 하는지 검토해보았다. 이 세 국면은 서로 유기적인 관계를 이루고 있어서 엄격하게 구분하기 어려운 것이 사실이다. 그러나 과학교육을 과학기술 교육으로 이해하고 과학기술 입국에 필요한 인재 양성에 치중하지 않게 하기 위해서 이 세 국면의 차이를 강조하는 것은 매우 유용한 장치라고 판단된다. 물론 피교육자의 성격과 수준에 따라 어느 국면에 더 중점을 둘 것인지, 그리고 어떠한 점을 더 강조해 어떠한 방식으로 교육할 것인지는 별도의 논의가 필요하다는 점을 간과해서는 안 될 것이다.

끝으로 다시 한 번 강조할 것은 미래 사회에 걸맞은 새로운 인간상은 자동적으로 형성되지 않는다는 점이다. 과학정신을 터득하고 과학기술을 제대로 이해하고 습득할 수 있는 교육의 방향과 그 방법이 좀더 구체화되지 않으면 안 된다. 이러한 교육만이 격변하는 미래 사회에서 정체성을 유지할 수 있는 내적 통합력과 새로운 환경에 능동적으로 적응할 수 있는 외적 적응력을 동시에 갖출 수 있게 도와줄 것이다. 만약 오늘의 젊은 세대가 과학적 탐구의 기초인 과학정신, 그리고 그 성과인 과학지식을 외면하고 그 열매인 과학기술을 습득하고 활용하는 데만 급급하다면 미래 사회에서 인간은 상상하기 어려운 소용돌이에 휘말리게 될지도 모른다. 과학기술 그 자체는 언제인가 어떠한 형태로든 내면의 세계에 침투해 소크라테스가 그토록 강조하던 진정한 자아를 인식하는 데 있어서 저해요소로 작용할 수도 있기 때문이다.

소크라테스적 비판정신이 필요하다

이미 언급한 바와 같이 소크라테스가 활동하던 고대 아테네는 정치적으로나 경제적으로, 그리고 문화적으로 우리의 현실과 구조적인 점에서 매우 유사하다. 민주주의나 상업주의, 상대주의 등이 그렇다. 그런데 더욱 중요하고 심각한 유사점은 방향감각을 잃은 역사인식과 영혼의 혼탁, 그리고 도덕적 타락 등이다. 소피스트들이 독점한 교육 실태의 당연한 결과였다. 그들은 한때 지중해 연안을 장악할 정도의 권력과 부귀와 영화를 누렸지만 그것을 감당할 정신력과 도덕력을 지니지 못했다.

우리는 오늘날 가장 빠른 속도로 선진국의 문턱에 들어서게 되었다고 자부심을 갖고 있지만 그 근거가 어디에 있으며, 그것이 어떤 종류의 자부심인지 묻고자 하지 않는다. 전투에서 이긴 전사들의 자부심인지, 자기 자신을 극복한 기사들의 자긍심인지 이제 우리들 자신에게 묻지 않으면 안 된다. 그러한 질문을 집요하게 제기할 때 진정한 의미의 교육은 비로소 이 땅에 자리를 잡게 될 것이다.

소크라테스는 아테네인들이 경제적으로 풍요롭고 정치적으로 자유분방하며 문화적으로 개방적인 현상 자체를 비난하지는 않았다. 그러나 그는 그 모든 것이 무엇을 위한 것이며 무슨 의미를 지니는 것인지 아테네 시민들에게 물었다. 그것은 궁극적으로 아테네가 단순히 외형적으로 강하고 부유한 나라가 아니라 품격 있고 존경받는 나라가 되기 위해서라도 필요한 작업이라고 그는 믿었기 때문이다. 그러나 시민들은 그의 가르침에 귀를 기울이지 않았고, 오히려 분노해 엉뚱한 죄목으로 그를 처형했다.

교육은 격동의 시대일수록 더욱 어려운 과제일 뿐만 아니라 위험한 작업이기도 하다. 새로운 시대에 걸맞는 이상적인 인간상이 어떠한 것인지 선명하게 정립되어 있지 않기 때문이다. 우리는 지금까지 아테네적 자유와 민주의 이념을 외쳐왔으면서 실질적으로는 스파르타적 억압과 전투적 경쟁의 자세로 현실에 임하려는 모순적 교육체제를 유지해왔던 것이다.

미래 사회에 효과적으로 적응하기 위해 무엇보다 먼저 우리는 이 모순을 극복하지 않으면 안 된다. 미래사회에서는 더욱 더 다양한 가치체계와 상충하는 가치요소들이 혼재해 개인적 신념 체계를 정립하기가 어려워지고, 자율적 인격체로 존립하기가 그만큼 더 어려워질 것이다. 여기서 절실하게 필요한 것이 '어떤 인간으로 교육해야 하는

가'라는 글에서 이돈희 교수가 지적하는 바와 같이, "신념체계를 정립하기 위한 내적 통합력"이며 "새로운 환경에 신축성 있게 대처하기 위한 외적 적응력"이다.

내적 통합력이 강한 인간은 독단적 합리성이 강한 인간이기도 한데, 일관된 신념체계와 행동양식이 있고 가치관이 뚜렷해 적극적이고 능동적인 태도를 취하는 경향이 있다. 그러나 새로운 환경에 적응하는 데 어려움을 느끼고 독선주의와 배타주의의 성향을 드러내기 쉽다. 그러므로 동시에 외적인 적응력을 기를 필요가 있다. 그렇게 하기 위해서는 변화를 관조하고 성찰하며, 때로는 비판하고 도전하며, 때로는 이에 참여하고 순응하기도 해야 하는데, 여기에서 절실하게 필요한 것이 근거 있고 건설적인 비판적 지성이며, 새로운 가치체계와 생소한 환경을 수용할 수 있는 열린 자세다.

내적인 통합력과 외적인 적응력을 동시에 갖추기 위해서는 교육에 대한 새로운 개념적 전환이 필요하다. 교육은 전통문화의 전수와 새로운 문화의 창달로 구성되어 있다고 볼 수 있는데, 미래사회에서는 후자의 비중이 더욱 커질 수밖에 없다는 사실에 유의할 필요가 있다. 사실 사고방식이나 생활태도에 있어서 우리는 지난 수세기 동안 본질적으로 많은 변화를 겪어왔다. 그러나 여기서 파생되는 혼란과 무질서는 효율적이고 바람직한 교육에 의해서 내적 통합력과 외적 적응력을 동시에 발휘할 때 어느 정도 극복할 수 있다.

그렇다면 결국 교육을 받는다는 것은 무슨 뜻인가? 교육을 받는다는 것은 사물의 본질과 현상의 구조에 대해서 깊고 넓게, 그리고 멀리 생각할 수 있는 능력을 기른다는 뜻이다. 여기서 깊게 생각한다는 것은 피상적으로 드러난 현상의 배후에 있는 심층구조를 파악할 수 있는 능력이다. 넓게 생각한다는 것은 그 현상의 주변 환경과 어떻게 유기적으로 연관되어 있는지를 관찰할 수 있는 능력이다. 그리고 멀리 생각한다는 것은 지금 나타난 현상의 분석을 통해서 장차 어떠한 사태가 벌어질 것인지 가늠할 수 있는 능력이다. 교육을 받게 되면 이러한 능력을 통해서 지식을 쌓게 되는데 그것은 단순히 세계에 관한 사변적이고 관조적인 차원에 머무는 것이 아니라, 그러한 지식을 근거로 변화하는 세계에 순발력 있게 대처하고 새로운 환경에 능동적으로 적응할 수 있다는 것을 동시에 의미한다.

이와 같이 교육을 받는다는 것은 이론적인 지성과 실천적인 능력을 함양함으로써 삶의 영역을 확장하고 고양시키며 동시에 삶을 더욱 풍요롭고 의미 있게 하는 능력을 기른다는 뜻이다. 그러므로 교육을 받은 사람은 내면적인 영역을 확장해 종교적 심성을 심화할 뿐만 아니라 영성적 질서와의 관계를 구체화하고 생활화할 수 있게 된다. 사회적 차원에서도 개인적 차원의 '나' 자신을 넘어 '우리'의 개념을 넓혀감으로써 가족에서 국가나 민족으로, 여기서 다시 세계와 인류 전체로 확장시킬 능력을 기른다. 교육을 받는다는 것은 다른 사람이나 집단과의 차이를 받아들이고 조화를 이루고자 노력하는 사람이 된다는 뜻이다.

끝으로 교육을 받는다는 것은 자율적인 인간이 되어 충동이나 관습, 혹은 외부의 강압이나 권위에 억눌리지 않고 비판적으로 수용함으로써 자기 행동의 주체로서 스스로 책임을 질 줄 알게 된다는 뜻이다. 그런데 이러한 능력은 대부분 이미 지적한 바와 같이 현대인에게 과학정신의 터득과 과학지식 및 과학기술의 습득, 그리고 이것의 효율적인 실천 및 생활화로 획득할 수 있으며, 특히 가장 과학기술적인 현대적 생활방식을 영위하고 있음에도 불구하고 전근대적이고 비과학적인 사고방식을 고수하려는 경향이 있는 한국인에게는 매우 시급하고 절실한 과제가 아닐 수 없다. 바로 그렇기 때문에 소크라테스적 비판정신과 합리적 사고, 자율적 태도가 그 어느 때보다도 지금 우리에게 절실하게 요구되는 것이다.

사랑에 대한 철학자들의 접근

사랑에 대한 다양한 인식들

진정한 의미의 사랑

9장

사랑은 인간의
근원적인 감정

사랑에 대한 철학자들의 접근

요즈음 유난히 '사랑'이라는 표현을 많이 쓰는 것 같다. 우리가 갑자기 서로 사랑하는 일이 많아졌기 때문이기도 하겠지만 그 표현이 다소 헤퍼진 탓도 있을 것이다. 특히 영어권의 문화가 만연해 이 문화권의 표현 방식이 우리의 일상생활에 영향을 끼쳤기 때문이기도 하다.

잘 알려져 있는 바와 같이 영어권의 사람들은 '사랑하다love'라는 표현을 매우 광범위하게 써서 '좋아하다', '즐기다', '귀엽다' 등의 뜻뿐만 아니라 육체적인 성관계를 갖고 싶다는 뜻에 이르기까지 아주 다양하게 활용하는 경향이 있다. 이러한 표현을 주로 은밀한 장소에서 아주 내밀한 감정을 떨리는 목소리로 전달하던 우리 문화권의 기성세대에게는 다소 혼란스러운 것도 사실이다. 더구나 육체적인 사랑보다는 정신적인 사랑을 강조했던 소크라테스에게는 매우 당혹스러운 현상이 아닐 수 없다.

물론 비트겐슈타인L. Wittgenstein이 주장하듯이 어떤 표현의 의미는 고정되어 있는 것이 아니라 쓰이는 맥락에 따라 달라지기 때문에 그것이 어떻게 쓰이는지 살펴보지 않으면 안 된다. 더구나 어떤 단어의 필요충분조건을 찾는 것은 가능하지도 않고 바람직한 것도 아니다. 그러나 오늘날 우리 사회에서처럼 '사랑'이란 단어가 이토록 혼란스럽게 쓰이면 원래 혼란스러웠던 그 표현이 더욱 혼란스러워질 것임이 틀림없다. 도대체 "주님은 당신을 사랑합니다"와 "고객님, 사랑합니다" 사이에 어떤 공통점이 있을까? 이 사랑들은 '젊은 베르테르'의 절망적이고 치명적인 사랑, 그리고 네루다Pablo Neruda가 "사랑은 그토록 짧고, 왜 망각은 이토록 긴가?"라고 읊었을 때의 그 사랑과는 어떤 관계를 지니는 것일까?

일반적으로 사랑은 인간의 근원적인 감정으로서, 모든 인류에게 공통적이고 보편적으로 적용되는 생래적이고 생물학적인 경험이기도 하다. 그것은 또한 문화적 차원에서 인격적인 교제를 통해 인간적인 삶 자체를 가능하게 하는 감정이며, 그렇기 때문에 역사적으로나 지리적으로 혹은 교제의 형태에 따라 다양하게 나타날 수밖에 없다.

흔히 사랑은 증오의 대립 개념으로 이해되기도 하나, 아주 광범위한 뜻으로 해석해 사랑을 생명의 근원적인 원리로 파악하면 오히려 그것을 포용하는 개념이 된다. 사실 이러한 경우에는 그것이 인간의 원초적인 생리적 표현이기 때문에 특별히 누구를 사랑하라고 가르치는 것은 사소한 일이 되어버리고 만다. 여하튼 사랑은 매우 광범위하고 심오한 감정이기 때문에 인간의 본성에 관심이 있다면 당연히 이 주제를 한 번쯤 진지하게 다루어보지 않으면 안 된다.

흥미롭게도 철학자들은 사랑이라는 문제에 대해서 본격적으로 탐구하려는 자세를 별로 보이지 않는다. 아마 철학은 어떤 주제를 다루든지 간에 그것을 합리적으로 체계화하려는 경향이 있고, 사랑과 같은 원초적 감정을 합리화하는 데는 분명히 한계가 있기 때문일 것이다. 더구나 동서와 고금을 막론하고 철학한다는 것이 스스로 감정을 제어하고 다스려야 하는 수련으로 인식되기도 했기 때문에, 이 학문의 연마를 통해서 모든 감정의 근원이라고 할 수 있는 사랑을 전면에 부각시키는 것은 바람직하지 않은 것으로 간주할 수도 있다.

　서양철학에서 사랑을 논의할 때 교과서적으로 소크라테스의 입장을 각색한 플라톤의 『향연』을 언급한 다음 대뜸 성 아우구스티누스로 내려와서 기독교적인 '사랑의 질서ordo amoris'를 논의하게 되는데, 여기서 우리는 철학자들이 이 주제를 교묘하게 피할 뿐만 아니라 그것을 다루었다고 해도 슬쩍 서둘러 형이상학적이거나 종교적인 맥락으로 흘러가버리는 경향이 있음을 엿볼 수 있다. 기본적으로 인간을 이성적 동물로 취급하는 철학에서 남녀의 사랑은 하나의 우발적인 사건이고 흐려진 이성에 유감스러운 결과를 초래하는 감정의 혼돈에 불과하다고 여기기도 하는 것이다.

　사실 이러한 주제를 다루었던 철학자들도 대부분 피상적으로 접근했거나 우리를 더욱 혼란에 빠뜨리는 편이었다. 가령 쇼펜하우어, 키르케고르Kierkegaard, 니체F. Nietzsche, 사르트르Sartre, 푸코Foucault 등이 그 좋은 예인데, 이들의 입장을 추적하다보면 결국 미로에서 헤매기 십상이다. 그렇지 않으면 그리스도교적 취향에 따라 '존재론적' 사랑을 거론하게 된다. 가령 쉘러Max Scheler는 사랑을 "자신의 자아를 총체적 존재에게 바치는 것"으로 규정하고, 그렇기 때문에 사랑을 통해 그 존재의 본질이 나타나며 그러한 의미로 그것은 "현상학적 지식의 한 국면"을 드러낸다고 한다. 역시 사랑은 야스퍼스K. Jaspers 가 갈파한 대로 "절대의식의 가장 근거 없으면서도 가장 자명한, 그 래서 가장 이해하기 어려운 현실"인지도 모른다.

그러나 철학자라고 해서 낭만적인 사랑에 전혀 무관심한 것은 아니다. 중세에는 아벨라르와 엘로이즈의 비극적인 사랑이 있고, 근대에 들어와서는 키르케고르와 레기네의 안타까운 이별, 루 살로메에 대한 니체의 절망적인 짝사랑, 테일러 부인과 존 스튜어트 밀의 애절한 만남과 사별, 하이데거와 한나 아렌트의 은밀한 불륜, 사르트르와 보부아르의 소문난 계약결혼 등 이루 헤아릴 수조차 없다. 그런데 그 중에서도 역시 러셀의 네 번에 걸친 결혼과 수없이 뿌려진 염문은 특별히 기억해둘만한 가치가 있다. 도대체 철학자 개인에게 사랑이란 무엇일까? 러셀의 경우에는 그것이 무엇을 의미하는 것일까?

러셀은 『자서전』에서 자신의 생애를 지배한 것은 세 가지 열정이었다고 술회한 바 있다. 사랑에 대한 갈망과 지식에 대한 추구, 그리고 인류의 고통에 대한 참을 수 없는 연민이 그것이다. 그가 이 열정을 서로 구분한 것은 그것이 각기 다른 범주에 속한다고 생각했기 때문일 것이다.

물론 우리는 지식이나 인류에 대해서도 '사랑'이라는 표현을 얼마든지 쓸 수 있다. '지식욕'이라든지 '인류애' 같은 것이 그 좋은 예들인 것이다. 그뿐만 아니라 "하나님은 당신을 사랑합니다"든지, "우리는 고객님을 사랑합니다" 등의 경우와 같이 그 표현을 아주 넓은 뜻으로 쓰거나 은유적으로 혹은 다소 과장해서 쓸 수도 있다. 그러나 고유한 의미의 사랑은 역시 젊은 남녀 사이에서 생길 수 있는 낭만적인 열정이라고 할 수 있지 않을까? 러셀은 그러한 의미의 사랑을 갈망한 이유를 다음과 같이 설명한다.

> 나는 사랑을 갈망했는데, 우선 그것은 희열을, 불과 몇 시간의 이 기쁨을 위해서라면 여생을 모두 바쳐도 좋을 정도로 그렇게 엄청난 희열을 가져다주기 때문이다. 그다음 사랑은 외로움을, 이 세상 언저리에서, 저 깊고 차디찬 무생명의 심연을 들여다보며 몸서리치게 하는 그 지독한 외로움을 달래주기 때문이다. 마지막으로 성인들과 시인들이 그려온 천국의 모습이 사랑의 결합 속에 신비롭게 축소된 형태로 존재함을 확인하기 때문에 나는 그것을 갈망했던 것이다.

이와 같이 러셀이 갈망했던 것은 분명히 높고 깊은 지식의 획득이나 인간의 고통에 대한 연민 같은 것이 아니었다. 그것은 한 남성으로서 어떤 여인에게 갖는 사랑의 감정이었으며, 좀 더 구체적으로는 클림트G. Klimt의 명화 〈키스〉에서 묘사하듯이 육체와 영혼을 지닌 한 개체로서 어떤 욕구를 충족시킴으로써 마침내 하나가 되고 싶은 원망의 표현이었다. 그러므로 무엇보다 이런 의미의 사랑은 차원 높은 지식을 추구할 때 나타나는 탐구욕의 일종이 아니며, 보편적 인류의 운명이나 고통에서 느끼는 연민과도 구별되지 않으면 안 된다.

사랑에 대한 다양한 인식들

사랑의 감정이 한 개체로서의 인간이 경험하는 것이고, 그 개체가 공중에 구름처럼 떠다니는 한 줄기의 연기 같은 것이 아니라 생물학적으로 다른 동물처럼 작동하는 하나의 육체이기도 하다면 그것은 분명히 인류학적이고 생물학적인 기반을 가지고 있다. 이러한 맥락에서 볼 때 우리는 어떻게 인간이 최초로 사랑의 감정을 갖게 되었는지 의문을 제기할 수 있다. 그것은 도대체 인간이 무엇 때문에 사랑이라는 것을 하게 되었고 또 할 수밖에 없었는지의 근원적인 문제와 연결되어 있다. 그것은 오늘날 인간이 왜 사랑을 하고 또 해야 하는지의 문제와 구분된다.

진화심리학자에 따르면 사랑은 진화의 산물이며 동시에 유전적 재능의 일부일 뿐이다. 생식적인 면에서 볼 때 진화는 성공의 기록이라고 볼 수 있다. 그런 의미에서 우리는 다른 인간들과 맞서고 적대적인 환경과 싸워서 이김으로써 생식에 성공한 이들의 유전 형질을 물려받았다고 해야 할 것이다. 그리고 여기서 승리를 쟁취하려면 남녀는 서로 사랑할 수밖에 없다. 그런데 성공적인 생식은 생식 기술이나 능력에만 의존하는 것이 아니다. 유전형질이 제대로 전수되기 위해서는 자손들에게도 바람직한 여건이 마련되어야 한다. 가령 남자는 힘이 세고 여자는 생식력이 왕성할 필요가 있다. 그리고 이러한 여건은 다음 세대로 전수되고 유전적 재능의 변이를 거치는 동안 점차 그 종의 보편적 특성이 될 것이다.

한편 이러한 특성은 단순히 신체적 차원에만 머무는 것이 아니라 종의 특성을 보존할 수 있는 감정의 진화를 수반하지 않으면 안 된다. 여자는 자식을 제대로 양육할 수 있도록 자기 자신과 아이에게 헌신적이어야 하고 동시에 남자가 이에 호응할 수 있도록 유도해야 하며, 남자는 기꺼이 이에 응함으로써 무의식적 양상으로 결국 육욕과 같은 구조를 보이면서 새로운 특성으로 발전할 것이다.

진화심리학에 따르면 이렇게 진화된 감정이 사랑과 아주 흡사한 형태를 띠게 된다는 것이다. 더구나 오늘날 인지과학은 그러한 감정을 느낄 줄 아는 능력이 유전적 변이에서 얼마든지 야기될 수 있으며 여기에서 다시 유전형질로 자리 잡을 수 있다고 주장한다. 진화심리학적 설명이 옳다면 사랑은 유전적으로 결정된 것이며, 그러므로 보편적이고 불변하는 이른바 '인간성'의 한 표현일 뿐이다. 이와 같은 유전적인 견해를 받아들인다면 우리가 인간의 본성을 바꿀 수 없기 때문에 남녀 간에 나타나는 기질도 바꿀 수 없고, 사랑의 다양한 양태와 표현도 필연적인 것이며, 따라서 그것을 찬양하거나 비난하는 것도 무의미한 일이 된다.

그러나 이러한 견해는 우리의 직관과 일치하지 않는다. 우리는 성춘향의 절개와 이몽룡의 의리를 찬양하고, 로미오와 줄리엣의 비극을 안타까워하며, 베르테르의 고뇌에 동참하기를 갈망한다. 이러한 이야기에 공감하고 감동하는 현상을 어떻게 이해하고 설명할 것인가? 아마 우리는 유전적인 요소와 영향에 따라 선사시대의 사람들과 별로 다르지 않게 욕망을 드러내고 사랑을 표현하겠지만 그것을 사고하고 이해하는 방식, 다시 말해서 우리의 욕망을 어떻게 판단하고 평가할 것인지에 대해서는 얼마든지 달라질 수 있다고 해야 할 것이다. 이것을 우리는 사랑의 역사적이고 문화적인 측면이라고 할 수 있다.

생물학적 관점에서 볼 때 사랑은 생래적이고 공통적이며 보편적인 것일 수도 있겠지만, 그것을 인식하고 표현하는 방식에 따라 역사적이고 문화적이며 시대적인 특성을 나타낸다. 인류의 역사는 지역마다 다른 문화권을 형성해왔으며 문화권이나 시대에 따라 사랑에 대해 다른 신념을 형성했고 그것을 표현하는 방식도 다양해졌다. 가령 동양이나 서양에서는 세계관이나 가치관, 혹은 인생관에 따라 사랑에 관한 인식이 서로 대조를 이루며, 서양에서도 시대에 따라 그 인식과 태도가 달라진 것이다.

고대에는 살로메처럼 너무 사랑하기 때문에 상대방을 살해하는 결단을 내렸고, 근대에는 베르테르처럼 자신의 목숨을 바치는 태도를 보였으며, 현대에 들어와서는 카사노바처럼 수많은 여인을 섭렵하는 행동을 자행하기도 하는 것이다. 이러한 유형들이 전형적이라고 말할 수는 없겠으나 어느 정도 시대나 문화적 특성을 나타내는 것은 부인하기 어려우며, 앞으로 문화가 어떤 형태로 전개되는지에 따라 새로운 방식의 사랑이 등장할 것이다.

사랑은 인간이 추구하는 가치에 따라 다양한 모습으로 변신하고 확대해 해석되기도 한다. 무엇보다 인간은 생물학적 개체이면서 동시에 이성적이고 사회적인 동물이기도 하다. 이성적이기 때문에 어떠한 방식으로 사랑하는 것이 바람직한 것인지 반성할 수 있는 능력이 있다. 만약 본능적인 욕구에 따라 즉흥적이고 관능적인 사랑에만 몰두하거나 남의 행복을 짓밟는 사랑에 연루된다면, 그것은 오래가지 못할 뿐만 아니라 결국 자신을 해치게 된다는 사실을 깨닫는다. 우리는 사랑을 통해서 생물학적 개체로서의 나와 윤리적 주체로서의 내가 필연적으로 갈등을 일으킬 수도 있는 상황에 처하게 되는 것이다. 이렇게 해서 사랑은 도덕적 개념으로 변신하고 선이나 정의와 만나며 증오와 악, 또는 불의와 대립되는 개념으로 확립된다.

자연적 환경이 너무 열악하거나 경제적으로나 정치적으로 경쟁이 심화되어 투쟁이 매우 격화될 때 현자나 성자들이 등장해 이웃에 대해서 단순히 무관심하거나 용서하는 차원을 넘어 그들이 심지어 원수일지라도 사랑하고 자비를 베풀며 인의를 실천하라고 가르친다. 이와 같이 사랑을 보편적 인류애로 확대해 적용하고 구원과 해탈의 원리로 승화시킬 때 종교가 그 모습을 드러낸다고 볼 수 있다.

그러나 여기서 우리는 새삼스럽게 소크라테스식의 반성적 사고가 필요함을 의식해야 한다. 사랑에 대한 인식과 표현의 방식이 서로 다를 수 있기 때문에 남의 것을 배척한다면 그것은 '사랑의 이름'으로 증오를 가르치고, 선과 정의를 빙자해서 악과 불의를 재생산하는 결과를 빚어낼 수 있기 때문이다. 사랑은 그것이 낭만적이든 종교적이든 상관없이 너무 열정적이거나 광신적일 때 역설적으로 증오의 옷을 입고 나타날 수 있다는 것이다.

서구에서 사랑의 원초적인 모습이 중세의 암흑시대를 지나 계몽주의를 거친 다음 낭만주의 시대에 다시 등장했다는 것은 흥미 있는 일이다. 르네상스를 기점으로 해서 인간은 개체로서의 자신과 육체로서의 자아를 재발견하는 계기를 마련했다. 그렇게 해서 세속적인 사랑은 감성적인 정신세계와 관능적인 육체적 표현의 형태를 띠기 시작했다. 눈부실 정도로 현란한 미술품들과 조각들은 열정과 환희의 극치를 나타내고, 소나타든 협주곡이든 교향곡이든 다양한 음악 형식은 젊음의 희열과 낭만의 극적인 순간을 유감없이 표출해준다.

이제 사랑은 한 유기체로서의 유전적 필연과 상관없이 자유분방한 젊은 남녀가 감성과 관능을 한껏 발산할 수 있는 매체의 역할을 할 뿐이라는 인상을 준다. 특히 문학작품들에서는 이러한 특성이 더욱 선명하게 드러난다. 우리는 그 좋은 예를 '로미오와 줄리엣'에서 찾아볼 수 있다. 그들은 단 하룻밤을 지낸 다음 죽음을 맞이하는데, 서로의 열정이 지속된다는 보장이 없었고 그것을 기대할 여건도 전혀 마련되어 있지 않았다. 상대방의 능력이나 취향 같은 것을 알 필요가 없었으며, 서로의 의견이나 신념을 이해할 이유도 없었다. 그들은 다만 사랑했을 뿐이다.

사랑을 위한 사랑만을 감행한 것은 괴테가 창조한 '젊은 베르테르'도 마찬가지다. 그는 이루어질 수 없다는 것을 분명히 알면서도 남의 약혼녀인 로테와 함께 있을 것을 갈망한다. 그리고 이 작품의 대부분은 이 갈망의 절망적인 심리상태를 묘사하는 것으로 이루어져 있다. 마침내 그녀는 베르테르에게 '삶에서 중요한 단 하나'가 되고 '빛'이 된다. 그는 마지막 순간에 이렇게 울부짖는다.

사랑이 없다면 세상이 도대체 무슨 의미가 있을까? 빛이 없다면 마법의 등잔이 무슨 소용이란 말인가?

괴테는 이러한 종류의 사랑을 꾸며낸 것이 아니다. 원래 사랑이란 그러한 갈증의 표현인데 괴테는 그 갈증을 충격적으로 그려내었을 뿐이다. 신이나 인류 혹은 민족에 대한 사랑도 그것이 진정한 의미로 사랑이라면 그러한 갈증을 내포하는 열정이어야 할 것이다.

진정한 의미의 사랑

오늘날 우리는 낭만적인 사랑의 흔적을 주위에서 쉽게 찾아볼 수 있다. 많은 젊은 남녀가 '사랑을 위한 사랑'을 하는 것처럼 보이기 때문이다. 그러나 이러한 유형의 사랑은 순수성을 요체로 한다. 그것은 사랑 외에 다른 것을 갈망하지 않는 사랑이다. 성적 쾌락만을 추구했다면 그것은 육체적 욕구의 충족일 뿐이지 온전한 사랑이 아니다. 사랑은 영혼의 갈증도 해소하고자 하는 갈망이기 때문이다.

또한 어떤 사람이 사랑 외에 다른 것을 갈망했다면 그것도 사랑은 아니다. 사랑을 위한 사랑을 하듯 그것을 갈망했을 뿐이기 때문이다. 2011년 작고한 '이 시대의 영웅'으로 추앙받는 스티브 잡스Steve Jobs 는 이런 말을 남겼다고 전해진다.

진정으로 만족하는 유일한 길은 당신이 위대하다고 믿는 일을 하는 것이고, 위대한 일을 하는 유일한 길은 당신이 사랑하는 일을 하는 것이다. 사랑하는 사람을 찾듯이 사랑하는 일을 찾도록 하라.

이 말은 그가 어떠한 자세로 삶을 살아냈는지 잘 표현해주고 있다. 거의 낭만적으로 일을 사랑했고, 일에 대한 갈증으로 그의 육체와 영혼이 함께 소진될 수밖에 없었음을 보여준다. 그러나 일을 사랑하는 것은 진정한 의미의 사랑이 아니다. 여기서 '사랑'은 이성 간의 사랑을 비유로 사용했을 뿐이기 때문이다.

오늘날 젊은이들은 일이나 명예, 권력이나 재부, 혹은 그 밖의 가치들에 대한 지나친 갈망 때문에 사랑을 수단으로 삼거나 외면하는 경향이 있다. 그러므로 그만큼 인간은 고독해지고 삶은 피폐해질 수밖에 없다. 사랑은 인간의 근원적인 원초적 감정이기 때문에 그것을 남용하거나 오용하거나 외면할 것이 아니라 정교하게 다듬고 정성껏 가꾸어서 생존의 원동력이 되고, 문화의 꽃으로 다시 피어나게 해야 할 것이다.

무엇보다 소크라테스가 진리의 추구보다는 무지에서의 탈피에 더 큰 관심을 쏟았듯이 육체적이든 정신적이든 사랑을 키우는 데 급급하기보다 증오를 줄이려고 애쓰는 것도 중요할 것이다. 결국 사랑과 증오는 한 동전의 양면일 것이기 때문이다.

원래 사랑이란 갈증의 표현인데
괴테는 그 갈증을 충격적으로 그려내었을 뿐이다.
신이나 인류 혹은 민족에 대한 사랑도
그것이 진정한 의미로 사랑이라면
그러한 갈증을 내포하는 열정이어야 할 것이다.

웃음을 온몸으로 체득한 소크라테스

웃음이란 무엇인가?

웃음과 행복의 관계

10장

갈수록 부각되는
웃음의 중요성

웃음을 온몸으로 체득한 소크라테스

요즈음 사람들은 유난히 웃음에 대해서 관심을 많이 보인다. 인간이 생겨나면서부터 생각하는 능력과 함께 웃는 능력을 나타냈음에도 불구하고, 사유나 이성에 관한 관심과 연구는 많아도 해학과 감성에 관한 연구는 상대적으로 소홀했던 것이 사실이다. 아마 그동안 '웃음'을 가볍고 천박한 것으로 여기고 진지한 태도를 보이지 않았던 이유 중의 하나는 '인간이 이성적 동물'이라는 고정관념 때문이기도 할 것이다.

기독교나 유교적 전통을 비롯해 인간이 인간다우려면 감정이나 정서를 억제하고 지성이나 사유의 능력을 극대화하지 않으면 안 된다는 입장이 깊은 영향을 미쳐온 것이 사실이다. 웃음은 이러한 능력과 대비되는 기분이나 정서의 표현이기 때문에 외면을 받아온 것인지도 모른다. 그렇다면 오늘날 웃음의 중요성을 유난히 부각시키는 것은 이성 못지않게 감성이 인간의 삶에서 소중하다는 것을 새삼스럽게 인식했기 때문일 것이다.

오늘날 사람들은 삶의 의미를 음미하기보다는 현세적인 행복의 추구에 더 급급해하며, 사유에 침잠하기보다는 순간적인 쾌락에 집착하는 경향이 있다. 그러므로 종교는 기복신앙으로 기울고, 심리학이나 의학 혹은 생명과학 등은 쾌락의 메커니즘을 규명하는 데 열중하며, 윤리나 도덕도 의무의 이행보다는 행복의 극대화를 더 강조하는 추세다. 이러한 상황에서 심미적 가치의 중요성이 부각되고 예술의 영역이 확대될 뿐만 아니라 일상생활에서 보편화되는 것은 오히려 당연한 현상이라고 보아야 할 것이다.

철학은 사물의 본질과 현상의 구조를 합리적인 차원에서 궁극적으로 규명하려는 학문이기 때문에 웃음이나 희극성에 관해서 체계적인 접근을 시도한 흔적이 별로 보이지 않는다. 거의 모든 분야와 영역에 걸쳐서 철학적 탐구를 펼쳤던 아리스토텔레스조차 웃음을 추함의 일종으로 보고 그것을 예술철학에서 다루어질 심미적 감정의 표현으로 『시학』에서 간단히 언급했을 뿐이다. 니체가 지적한 대로 아폴로적인 전통을 통해 전개되었던 서양철학이 희극성을 중요시하지 않는 것도 이성을 강조하는 전통에 비추어볼 때 이해할 수 있는 일이다. 그것은 그리스 신화에서 디오니소스적인 전통에 따라 체계적으로 설명되기보다는 서사시적으로 혹은 희곡을 통해서 '표현'되었을 뿐이다.

이와 같이 철학자들은 직접적으로 희극성이나 웃음의 본질을 탐구하지 않는 경향을 보여왔다. 그러나 그들이 웃음을 온몸으로 체득해 유머나 위트의 형태로 일상사에 표현한 예는 결코 드물지 않다. 바로 서양에서는 소크라테스가 그 대표적인 예라고 할 수 있다.

소크라테스가 청년들을 잘못 가르치고 국가가 모시는 신을 모독한다는 이유로 처형되었다는 것은 널리 알려진 사실이다. 그는 친지들의 권유를 뿌리치고 탈옥을 거부했으며, 자율성과 합리성과 도덕성의 소중함을 실감해 스스로 당당한 죽음을 택함으로써 최초의 철학적 순교자로 추앙받는 인물이기도 하다. 그러나 그 순간에도 그는 제자에게 농담을 건네는 여유를 보였다.

소크라테스는 자기가 그러한 이유로 일흔이 된 나이에 죽게 된 것은 오히려 행운이라고 제자들을 타일렀다. 그러나 어린 아폴로도로스는 슬픔을 이기지 못하고 울먹이며, "제가 슬퍼하는 것은 스승님이 부당하게 돌아가신다는 사실 때문입니다!"라고 외쳤다. 그러자 소크라테스는 어린 제자의 머리를 쓰다듬고는 활짝 웃으며 부드럽게 말했다. "지극히 아끼는 아폴로도로스여, 그대는 내가 부당하게 죽지 않고 정당하게 죽기를 바라는가?"

크세노폰이 『회상』에서 전하는 이 농담은 극히 일부에 지나지 않는다. 소크라테스가 삶의 지혜를 터득한 철인으로 널리 알려지기까지 그는 여러 분야에서 많은 경험을 쌓았다고 한다. 부친의 과업을 물려받아 석공으로 일한 적도 있고, 친구인 에우리피데스Euripides와 함께 비극 작품을 쓰기도 했으며, 물리학자인 아르켈라오스Archelaus의 제자가 되어 우주의 여러 현상을 탐구하는가 하면, 아테네에서 수사학을 가르치기도 했다고 한다. 그러나 세상의 모든 물리적 현상에서 시선을 인간의 내면으로 옮긴 후부터는 때와 장소를 가리지 않고 사람들과 많은 대화를 나누면서 인간의 내면을 탐구하고 영혼을 정리하는 데 몰두했다.

광장에서건 장터에서건 그는 사람들에게 묻고 토론하는 것을 좋아했으며 또 그것으로 소일하곤 했다. 그는 토론이 격렬해질 때마다 주먹을 불끈 쥐고 삿대질을 하는가 하면 자신의 머리카락을 쥐어뜯기도 했다. 그 모습을 보고 사람들이 웃음을 터뜨려도 그는 개의치 않았다.

그러던 어느 날 구경꾼들 중 하나가 그의 옆구리를 걸어찼다. 그를 미친 사람으로 취급했던 것이다. 그러나 소크라테스는 안색 하나 변하지 않고 태연했다. 곁에 있던 사람이 놀라며 왜 그자를 고소하지 않느냐고 묻자 그는 담담하게 반문했다. "어떤 당나귀가 뒷발로 나를 걸어찼다고 합시다. 내가 그 당나귀를 고소해야겠소?"

소크라테스 외에도 철학사에는 유머와 위트를 함께 구사하며 농담을 즐긴 철학자들이 많이 등장한다. 소크라테스의 후예들도 분명히 아폴로적인 측면과 디오니소스적인 측면으로 나누어진다고 볼 수 있다. 플라톤이나 아리스토텔레스는 전자에 속하지만 아리스티푸스나 에피쿠로스, 디오게네스 등은 후자에 속한다고 볼 수 있다. 중세에는 기독교의 영향을 받아 철학자들이 비교적 진지하고 엄숙한 태도를 보였지만 근대에 들어오면서 그 양상이 달라진다. 계몽주의 시대에는 위트가 돋보였지만 낭만주의 시대로 옮겨오면서 유머가 두드러진다. 볼테르Voltaire나 루소Rousseau, 특히 자기 자신에게 엄격하기로 유명했던 칸트Kant도 기지에 찬 농담을 잘해 파티 석상에서 귀부인들에게 인기가 있었다고 알려져 있다.

182

현대에 들어와서 저명한 철학자 중에 하이데거나 듀이Dewey는 진지한 면모를 보였지만, 러셀과 사르트르는 재기가 발랄해 재담을 많이 즐겼다. 또 그러한 방법으로 청중이나 독자들에게 즐거움을 주었을 뿐만 아니라 영감에 가득 찬 깊은 지혜를 전하기도 했다. 이들에게 웃음이 철학적 탐구의 주제는 아니었으나 부분적으로는 그 주제에 접근하는 방법의 역할을 했던 것이다.

웃음이란 무엇인가?

웃음이란 무엇인가? 우리는 어떤 상황에서 왜 웃으며, 어떤 웃음을 웃는 것일까? 웃음에도 종류와 품격이 있는 것일까? 웃음을 자아내게 하는 유머humor는 익살이나 해학, 혹은 기분, 기질 등을 뜻하며, 원래 고대에는 생리학적 용어로 쓰였는데 인체에 흐른다는 혈액, 점액, 담즙, 흑담즙 등 네 종류의 체액을 의미했다고 한다. 당시에는 이들 체액들이 어떻게 배합되었는지에 따라 사람의 체질이나 성질을 결정한다고 생각했고, 후에 이 말은 기질이나 기분 혹은 변덕스러움 등을 뜻하게 되었다. 다시 바뀌어 인간의 행동이나 언어, 문장 등이 갖는 웃음의 뜻, 그리고 그러한 웃음을 인식하거나 표현하는 능력이라는 뜻까지 붙게 된 것이다.

비슷한 말에 위트wit 혹은 기지機智가 있으나 이것은 주로 지성적인 능력인 데 비해 유머는 동정을 수반하는 정서적인 작용을 포함하고 있으며, 그만큼 인간이 지닌 숙명적인 비애를 느끼게 만드는 데 그 특색이 있다. 그러므로 그것은 높은 곳에서 초연한 태도로 내려다보며 인간의 어리석음을 비웃는 웃음이 아니라 그 어리석음에 쓴 웃음을 지으며 그것이 자신을 포함한 인간 족속의 슬픈 천성이라는 사실에 연민과 애정을 표시하는 다소 복잡한 웃음이기도 하다.

이러한 웃음의 본질이나 희극성을 이론적으로 체계화하는 것은 결코 쉬운 일이 아니다. 물론 철학자들도 이 주제에 전혀 무관심했던 것은 아니었으므로 드물긴 하지만 웃음에 관한 이론들도 등장했다. 그러나 그 어느 이론도 웃음에 대한 포괄적 이론이라고 말하기는 어렵다. 웃음을 자아내게 하는 상황은 매우 복잡하고, 이에 따라 그 유형 역시 다양하기 때문에 이것을 효과적으로 설명할 수 있는 다른 이론들이 있기 마련인 것이다. 그것을 대체로 정리하면 우월론, 불일치론, 해방감론 등이다.

우월론은 홉스T. Hobbes가 제창한 것으로 웃음은 다른 사람의 우스꽝스러운 언행에 대해서 갑작스러운 자만심이나 흡족감을 느낄 때 발생한다는 입장이다. 가령 무대에서 광대들의 행위를 볼 때 터져 나오는 웃음을 이 이론은 잘 설명해준다. 이 이론을 극단적으로 밀고 나가 우리가 '신의 관점'에서 바라볼 수도 있음을 가정한다면 세상만사는 모두 웃음거리에 지나지 않게 된다.

소크라테스를 비롯한 철학자들의 위트와 유머는 주로 이러한 기반을 갖고 있었다고 말할 수 있으며 세르반테스Cervantes의 『돈키호테』나 마크 트웨인Mark Twain의 풍자소설에 등장하는 웃음도 이런 종류에 속한다고 볼 수 있다. 그러나 유머가 자신의 우월성을 확립함으로써 남을 비하하는 데서만 비롯한다고 보기는 어렵다. 다른 이론들은 그러한 입장을 잘 설명해준다.

가령 불일치론은 웃음이 예기치 않게 전혀 다른 관념들이 서로 부딪침으로써 촉발되는 현상이라는 이론이다. 칸트의 표현을 빌리자면 "긴장된 예상에서 아무것도 아닌 것으로 전환됨으로써" 생기며, 여기서 생기는 시간적 불일치는 "좌절된 예상"에서 비롯된다. 주로 말장난에 속하는 농담이 이 유형에 속하지만 쇼펜하우어가 지적하듯이 "이성의 엄격하고 끈질긴, 그리고 귀찮은 참견에 저항"하는 부조리적 측면을 잘 설명해준다고 할 수 있다.

끝으로 해방감론은 특히 유머를 잘 설명하는데, 사회적 억압이나 긴장감에서 해방되어 갑자기 안도의 숨을 돌리고 때로는 본능적 욕구가 충족될 때 웃음이 터져 나온다는 이론이다. 이 이론에 가장 크게 공헌한 인물은 정신분석학을 창시한 프로이트Sigmund Freud로서, 그는 농담과 꿈의 기본적인 상관관계를 제시하기도 했다. 독단적인 지배자를 향해 농담을 한다든지 음담패설을 나눌 때 터져 나오는 웃음을 이 이론은 잘 설명한다고 볼 수 있다.

이러한 이론들은 웃음의 몇 가지 측면들을 잘 설명해주지만 여전히 웃음에는 여전히 해명되지 않는 신비한 요소들이 많이 남아 있다. 현대 철학자 중에는 베르그송H. Bergson이 이 주제를 비교적 심도 있게 다루었는데『웃음=희극성의 의미에 관한 시론』에 잘 나타나 있다. 그는 이 책에서 희극적인 것을 설명하면서 특히 이 시대의 기계 문명이 창출한 경직성을 해소하는 수단으로써 웃음이 갖는 중요성을 강조한다. 그는 희극을 예로 들어 "희극적 인물이 자기의 생각을 기계적으로 따라간다면 결국 꿈을 꾸는 것처럼 언행을 하는 것"이라고 지적하며 이렇게 주장한다.

> 사물이나 사람과 계속 관계를 유지해나가고 있는 것만 보며 지금의 실제 상황만을 생각하는 것은 지적인 긴장에 대한 끊임없는 노력을 요구하는 일이다. 양식이란 이와 같은 노력 자체이며 노동이다. 그러나 실제 상황에 대해서는 흥미가 없으면서도 그 이미지는 여전히 지각하며 논리와는 절연하면서도 관념을 짝 맞추는 일을 계속하는 것은 단순히 놀이이거나 게으름이라고 할 수 있다.

그는 이어 이렇게 말한다.

> 그러므로 희극적 부조리는 우선 관념의 놀이라는 인상을 준다. 이것을 보면서 갖게 되는 최초의 충동은 이 놀이에 함께 어울리고자 하는 것이다. 이렇게 되면 우리는 사고하는 피곤함에서 편히 쉴 수 있게 되는 것이다.

그러나 그는 웃음의 중요성을 너무 부각시킴으로써 웃음이 가져다주는 폐해, 그 중에서도 특히 이성적이고도 합리적인 판단을 흐리게 하는 요소가 있음을 간과하는 경향이 있다. 웃음은 분명히 삶의 윤활유가 되겠지만 윤활유만 가지고는 기계가 돌아갈 수 없음을 충분히 인식할 수 있어야 할 것이다. 종교에서 웃음과 어느 정도 거리를 유지하는 이유도 바로 여기에 있다.

웃음과 행복의 관계

최근에는 웃음과 즐거움이 행복과 어떤 관계에 있는지에 관해 심리학적 연구가 나름 활발히 진행되고 있는 듯하다. 때로는 "웃으면 복이 온다"는 결론에 도달하기도 한다. 우리는 즐거울 때 웃게 되지만 웃으면 즐거워진다는 것도 또한 사실이다. 심리학자인 영국의 홀든 R. Holden은 '행복 설계 프로그램'이라는 실험에서 이러한 사실을 입증해보였다.

그는 불행하다고 생각하는 사람들이 다시 행복해질 수는 없는지 의문을 제기하고, 사람들을 모아 프로젝트에 참가시켰다. 상황이 바뀐 것은 아무것도 없고, 집에서는 즐거운 일이 없어도 거울을 보며 웃게 했다. 그러자 그들은 변하기 시작했다. 그것은 단순한 변화가 아니라 인생 그 자체가 달라지기 시작했음을 나타낸 것이다. 6개월 후 참여자들의 행복지수는 몰라보게 높아졌다.

이 프로그램에 따르면 사람들은 먼저 카펫 위에 편안히 눕는다. 그들은 강사의 지시에 따라 먼저 몸을 이완시키고 상상에 들어간다. 거울을 보며 웃고 있는 자신의 모습을 상상하는 것이다. 즐거운 상상은 곧 그들에게 미소 짓게 한다. 녹음기에서 흘러나오는 웃음소리는 금

방 전염된다.

　이 프로그램의 핵심은 행복을 설계하는 도구로 웃음을 이용한다는 점이다. 물론 행복은 심층적이고 복잡한 개념이기 때문에 웃음을 도구로 이용할 수 있을지에 대해서는 의문을 제기할 수 있으나 즐거움과 유기적인 관계가 있다는 사실에는 의문의 여지가 없다.

　이러한 관계를 좀 더 명료하게 규명하기 위해서는 웃음의 본질에 대한 철학적 탐구가 더 진행되어야 할 것이다. 그러나 그러한 탐구를 진행하기 전에 소크라테스처럼 세상을, 그리고 자신의 삶과 죽음조차도 유머러스한 눈으로 바라보는 것이 더 중요하고 본질적임을 염두에 두어야 할 것이다.

　물론 그렇게 하기 위해서는 이러한 것들에서 어느 정도 거리를 유지할 수 있는 마음의 여유가 필요하다. 그런데 이러한 여유는 훈련으로 어느 정도 배양할 수 있겠지만 결국은 성품의 일부가 되도록 습관으로 길들여서 달관의 경지에 이르지 않으면 안 된다.

철학자들은 직접적으로 희극성이나
웃음의 본질을 탐구하지 않는 경향을 보여왔다.
그러나 그들이 웃음을 온몸으로 체득해
유머나 위트의 형태로 일상사에 표현한 예는 결코 드물지 않다.
바로 서양에서는 소크라테스가 그 대표적인 예라고 할 수 있다.

삶과 죽음은 동전의 양면

죽어간다는 것 혹은 살아간다는 것

죽음에로의 선구라는 실존적 자세

아름다운 죽음의 비결

11장

바람직한
삶과 죽음

삶과 죽음은 동전의 양면

죽음은 일반적으로 영혼이 육신에서 분리되는 것으로 이해되어왔다. 이것이 과학적으로는 '살아있는 유기체에 있어서 생명 과정이 중지되는 현상'으로 정의되고, 특히 분자생물학에서는 '생명 현상에 필수적인 분자구조의 해체'로 규정된다. 또한 의학에서는 1993년 대한의학협회에서 발표했듯이 '심폐기능의 정지인 심폐사 또는 전뇌기능의 소실인 뇌사'로 구체화하기도 한다. 이에 비해 종교에서는 영혼의 행방에 더 많은 관심을 기울인다. 생명과정이 갑자기 중지되므로 그 과정의 주체인 영혼이 계속 살아남아서 구원을 받거나 해탈한다는 등 종교에 따라서 설명이 다양하다.

한편 철학에서는 죽음이라는 현상을 규정하고 영혼의 행방에 대해서도 관심을 갖지만 오히려 삶과의 연관 속에서 죽음이 가진 의미를 음미하는 데 더 많이 관여하는 편이다. 일반적으로 철학은 과학과 신학 사이에 위치한다고 말할 수 있다. 그러므로 과학 쪽에 관심을 갖는 철학자는 죽음이라는 현상과 삶의 관계에 천착하는 편이지만, 종교 쪽에 관심이 많은 철학자는 죽음 뒤에 오는 구원이나 해탈의 의미에 대해 철학적인 조명을 시도하는 경향을 나타낸다고 말할 수 있다. 그러나 철학은 과학이 아닌 것처럼 신학의 한 분야가 아니다. 그러므로 그 어떠한 경우이든 철학자라면 죽음을 과학이나 종교를 염두에 두지만 반드시 삶과의 연관 속에서 규명하고자 노력한다. 즉 철학은 삶과 죽음을 한 동전의 양면으로 이해하고 그 한계 안에서 다룬다는 것이다.

요즈음 행복 개념의 한 변형으로 '웰빙well-being'이라는 말이 유행하더니 이에 못지않게 중요한 것이 '아름다운 죽음' 혹은 '웰다잉well-dying'이라는 견해가 있다. 그것은 주로 생명윤리학적인 개념이라고 할 수 있는데, 특히 오늘날 의학이 발달해 불필요하게 혹은 무의미하게 생명을 연장시킨다든지 가난과 불운에 짓눌려서 비참하게 죽음을 맞이하는 사람들을 인간으로서 품위 있게 죽을 수 있도록 돕는 데 그 목적이 있다고 생각된다.

호스피스hospice운동이 그 좋은 예라고 할 수 있는데 본질적으로 그것은 죽어가는 환자와 그 가족의 심리적 불안 및 육체적 고통을 덜어줄 목적으로 행해지는 간호행위다. 특히 삶을 정리해 죽음을 삶의 자연스러운 일부분으로 받아들이도록 돕는다는 것이다. 여기서 철학적으로 특별히 의미 있는 부분이 바로 죽음을 '삶의 일부분'으로 인식하게 한다는 점이다.

철학은 병을 직접적으로 치료하거나 죽음을 극복할 수는 없지만 죽음을 의식하고 자연스럽게 받아들일 수 있게 함으로써 자기가 살아온 삶을 되살피게 할 뿐만 아니라 더욱 의미 있고 바람직한 것으로 만들 수도 있을 것이다. 이제 이러한 점들을 철학의 전형으로 일컬어지는 소크라테스적 삶과 죽음을 통해 좀더 자세히 살펴보자.

죽어간다는 것 혹은 살아간다는 것

일반적으로 철학자들은 삶과 죽음을 매우 유기적으로 다루는 편이다. 사실 우리가 하루하루를 살아간다는 것은 그만큼 죽어간다는 뜻이기도 하다. 가령 어떤 아이가 3년밖에 못 살았다는 것은 3년 만에 죽었다는 뜻이기도 하다. 그러므로 그 아이는 3년 동안 죽어갔다고 말할 수도 있는 것이다. 사실 이 세상에서 우리가 어느 기간 동안 죽고 있는 것인지 혹은 살고 있는 것인지는 어디를 기점으로 삼는지에 따라 달려 있다고 볼 수 있다.

태어난 순간부터 고려하면 우리는 지금 살아가고 있다고 볼 수 있지만 죽을 순간부터 계산한다면 그때까지 죽어간다고 말할 수 있는 것이다. 우리가 이 세상을 몇 십 년 동안 여행한다고 생각하고 철학의 임무가 그 기간 동안의 피로와 고통을 덜어주는 것이라면 그것은 넓은 의미의 '호스피스'라고 볼 수도 있다. 소크라테스가 『파이돈』에서 "제대로 지혜를 사랑하는 사람(철학자)은 사실 죽는 것을 수련하고 있거니와 누구보다도 죽음이 이들에게는 가장 덜 두려운 것이기 때문"이라고 한 것을 이러한 의미로 이해할 수도 있을 것이다. 그렇다면 죽음이 덜 두려운 것이 될 수 있도록 '죽어간다는 것' 혹은 '살아간다는 것'은 무슨 뜻인가?

우리가 어떤 것을 무서워하거나 두려워하기 위해서는 우선 그것이 무엇인지 알아야 한다. 가령 그것이 호랑이거나 표범, 혹은 불황이거나 질병 같은 것이면, 그러한 것이기 때문에 무서워할 수도 있고 두려워할 수도 있으며 여기에 대해 대비책을 세울 수가 있다.

여기서 대비책을 찾는다는 것은 그것을 극복할 적절한 방안을 마련한다는 뜻이며, 그 대상의 성격을 잘 알게 될수록 그 방안도 더욱 구체화할 수 있다. 그런데 우리는 그러한 방식으로 죽음에 대해서 알 수 있는 방법이 없고, 따라서 마땅히 대처할 방법도 없다. 그럼에도 불구하고 죽음은 어떤 형태로든 반드시 찾아온다. 그러한 의미로 우리는 죽음이 무엇인지 모르면서 무서워하거나 두려워하고 있는 것이다.

그러나 그렇다고 해서 우리가 죽음에 대해서 전혀 모르는 것은 아니다. 비록 그것을 직접 경험하지 않았다고 해도 다른 사람들의 경험을 통해서 간접적으로나마 알 수 있는 것이 있다. 그것을 정리하면 대개 다음과 같다.

첫째, 죽음은 이별을 의미한다. 그것도 이별할 당시의 상태 혹은 그와 유사한 상태로는 결코 다시 만날 방법이 없다는 점에서 영원한 이별을 의미한다. 둘째, 죽음은 그러한 이별을 원하지 않는 사람들에게 슬픔과 고통을 주며, 특히 죽는 과정과 그 뒤에 어떠한 사태가 벌어질지 모르는 당사자에게는 두려움이나 공포를 유발한다. 셋째, 그럼에도 불구하고 사람들은 죽음을 극복하는 방법이 있다고 믿는다.

종교를 통해서 사후에 구원이나 해탈의 경지가 기다리고 있다고 믿거나 사랑과 정의, 진리 등 죽음을 초월하는 가치가 있다고 믿는 경우다. 이 밖에 더 많은 것을 개인이나 집단의 관습에 따라 죽음에 관해 안다고 주장할 수 있을 것이다.

철학에도 철학자마다 여러 입장이 있을 수 있으나 한 가지 공통된 것이 있다면 죽음은 삶을 완결하거나 정리하는 의미가 있으며, 어떠한 삶을 사는지에 따라 죽음의 의미가 달라질 수 있다는 점이다. 그것을 우리는 크게 죽음에 대한 자연론, 초월론 및 불가지론 등으로 구분할 수가 있는데, 영혼의 불멸 혹은 사후의 세계에 대한 입장에 따라 그렇게 구분할 수 있지만 그 구분이 엄격한 것은 아니다. 그럼에도 불구하고 그러한 입장들은 평온하고 의미 있는, 때로는 당당하고 의연하게 죽음을 맞이할 수 있도록 도와준다는 점에서 공통점이 있다고 할 수 있다.

가령 자연론자는 죽음을 삶의 종말로 해석하면서 그것을 거부하거나 초월하려는 시도를 무의미한 것으로 보고 다른 자연현상과 같이 담담하게 받아들일 것을 권한다. 노장사상이나 스토아학파의 철학자들과 유물론자들이 여기에 속한다고 볼 수 있다. 초월론자들은 영혼의 불멸을 믿으며 죽음이 곧 삶의 종말을 의미하는 것이 아니기 때문에 내세에 대한 준비의 차원에서 의연하게 맞이할 것을 가르치는데, 잘 알려져 있는 바와 같이 피타고라스학파나 플라톤, 그리스도교와 불교를 비롯한 여러 종교의 영향을 받은 철학자들이 이에 속한다.

그러나 불가지론자는 사후의 세계에 대한 확신이 없기 때문에 오히려 그것을 일단 삶의 완결로 보고 의미 있게 정리하는 것을 이른바 '바람직한 죽음'으로 본다. 흔히 공자나 아리스토텔레스 등 현세적인 취향이 있는 철학자들이 그러한 죽음관을 가지고 있는데, 역시 가장 좋은 예를 우리는 소크라테스에게서 찾을 수 있으며, 그 변형을 에픽테토스나 니체, 하이데거 등에서도 엿볼 수 있다. 이제 소크라테스의 경우를 중심으로 철학적 죽음관의 한 예를 간단히 살펴보자.

소크라테스는 한평생 아테네 시민들에게 "너 자신을 알라!"라는 아폴로 신전의 경구를 핵심으로 삼아 자기 사상을 설파한 것으로 알려져 있다. 그렇다면 그가 자아의 인식이라는 것을 그토록 강조한 이유가 무엇일까? 아마 거기에는 여러 가지 이유가 있을 것이다.

가령 그 당시는 아직 신화의 시대이니까 죽을 수밖에 없는 한낱 인간으로서 자기 분수를 알고 신의 명령에 순종하라는 뜻이 담겨 있을 것이다. 또한 아테네는 민주주의의 탄생지이기도 하니까 각자가 주인답게 책임의 주체로서 처신하라는 뜻도 있을 것이다. 그러나 한 가지 분명한 것은 우리는 세속적인 가치보다 영혼을 돌보면서 자기가 누구인지 알고 그 '나'로서 나답게 사는 것이 바람직한 삶이라는 것을 그는 설파하고 있는 것이다. 그렇다면 어떤 사람이 자기 자신을 안다는 것은 무슨 뜻이며, 어떻게 하면 그러한 삶을 살 수 있을 것인가?

소크라테스가 이 문제를 구체적으로 다룬 자료를 찾기는 어렵지만 어느 정도 짐작할 수는 있다. 이미 언급한 바와 같이 크세노폰은 『소크라테스의 추억』에서 다음과 같이 말한다.

자기를 아는 사람은 무엇이 적합한지 스스로 알며, 무엇을 할 수 있고 무엇을 할 수 없는지 분별하며, 어떻게 할 것인지 아는 바를 해냄으로써 필요한 것을 얻고, 또한 모르는 것을 삼감으로써 비난받지 않고 또 불운을 피한다.

이 구절에서 우리는 앞서도 살펴보았듯이 자아가 욕구와 능력과 당위라는 세 변으로 이루어진 하나의 삼각형임을 알게 된다. 여기서 그는 능력을 강조하고 있지만 할 수 있는 것과 할 수 없는 것을 분별할 필요가 있다는 것을 지적하기도 하며, 그러한 지적은 우리가 무엇을 원한다고 해서 모두 할 수 있는 것은 아니라는 것을 함축한다. 또한 할 수 있다고 해서 모두 해야 하거나 해도 되는 것이 아니기 때문에 삼가야 한다는 것은 우리에게 일정한 당위 혹은 의무가 있음을 의미한다.

그러므로 자기를 안다는 것은 자기가 어떤 종류의 삼각형인지, 다시 말해서 그 삼각형을 이루고 있는 욕구와 능력과 의무라는 변의 길이와 형태와 그 크기를 안다는 것을 말한다. 또한 그것은 진정한 의미로 자기가 원하는 것이 무엇이고 할 수 있는 것이 무엇이며, 해야 하는 것 혹은 해도 되는 것이 무엇인지 알고 거기에 걸맞게 살아간다는 것을 의미한다. 그러한 삶이 자기를 알고 그러한 자기로서 살아가는 것이며, 영혼을 돌보는 삶인 동시에 바람직한 삶인 것이다.

그러나 소크라테스적인 의미로 자아를 인식하며 바람직한 삶을 사는 것은 결코 쉬운 일이 아니다. 사실 우리는 자기가 진정으로 무엇을 원하는지 모르는 경우가 많이 있으며, 안다고 해도 그것을 할 수 없거나 해서는 안 되는 경우가 너무도 흔하기 때문이다. 때로는 심지어 자기가 원하지도 않고 할 수도 없는 것을 할 수밖에 없는 경우도 있다.

그러므로 항상 자아를 제대로 인식하며 살아가는 것은 불가능하며, 따라서 자아의 인식은 하나의 이상적인 삶의 형태로 남게 된다. 그것은 결국 바람직한 삶을 살아가도록 노력하라는 가르침으로 이해할 수밖에 없는 것이다. 소크라테스가 『변명』에서 "반성하지 않은 삶은 살 가치가 없다"고 선언한 것도 이러한 맥락에서 이해할 수 있을 것이다.

사실 소크라테스는 자기 자신의 가르침처럼 자기가 누구인지 알려고 애썼고 또 비교적 그렇게 살려고 노력했던 사람으로 평가할 수 있다. 그는 진리를 깨닫기 위해 많은 종류의 사람들과 대화를 나누고 존경하는 사람들에게 질문을 던졌으나 만족할 수 없었고, 오히려 아폴로 신은 그 자신이 가장 지혜로운 사람이라는 빌미를 주었다. 자기 자신을 포함해 아테네 시민들이 모두 무지하기는 마찬가지인데 자기는 자신이 무지하다는 사실만은 알고 있으니 그러한 평판이 생긴 것이라고 그는 믿을 수밖에 없었다. '너 자신을 알라'라는 명제도 이러한 맥락에서 구체화된 것이었다. 이와 같이 소크라테스는 철학자로서 자기가 원하는 것을 어느 정도 할 수 있었다. 또한 그것이 동시에 해야 하는 것이기도 했다. 이러한 의미로 그는 비교적 바람직한 삶을 살았던 사람으로 평가할 수 있다.

죽음에로의 선구라는 실존적 자세

서양 철학에서는 죽음에 대한 탐구가 매우 심층적이며 광범위하다. 소크라테스에서 하이데거에 이르기까지 거의 모든 철학자들이 죽음에 대해 깊은 식견을 피력한다. 그 중에서도 특히 소크라테스의 죽음관과 죽음에 임하는 태도는 그것이 전형적으로 '철학적'이라는 점에서 매우 인상적이며 깊은 감동을 준다. 그는 말하자면 철학적으로 '바람직한 죽음'의 전형을 보여주고 있는 것이다.

소크라테스는 널리 알려져 있는 바와 같이 '젊은이들을 타락시키고 나라에서 인정하는 신을 믿지 않으며, 따로 새로운 신령을 만들어 믿고 있다'는 이유로 법정에 섰다. 그는 '변명'의 기회를 얻은 법정에서 사실 "죽음을 두려워하는 것은 지혜가 없으면서도 마치 있는 것처럼 생각하는 것과 같다. 그것은 자신이 모르는 것을 알고 있다고 생각하는 것이기 때문"이라는 말을 남기고 결국 독배를 마신다. 그는 전형적으로 불가지론적 태도를 보이며 죽음에 임한 것이다.

죽음을 택하기 전에 이미 언급한 바와 같이 소크라테스는 크리톤의 배려로 사실 탈옥의 기회가 있었다. 이러한 상황에서 그는 자율적이고 합리적이며 도덕적인 맥락에서 깊은 자기 성찰에 몰입한 다음 마침내 친구의 권유를 뿌리친다. 탈옥하면 동포들을 배반하고 준법의 약속을 어기며 그토록 사랑하는 조국을 능멸한다는 것이 그 이유였다. 그 후 당국에서 철학을 가르치지 않는다는 조건으로 사면을 제의했으나 그는 그 제안마저도 거절했다. 자기가 살아온 방식대로 살 수 없다면, 다시 말해서 철학자가 철학을 할 수 없다면 죽는 것이 차라리 낫다고 믿었기 때문이었다.

이와 같이 의미 있다고 믿는 것을 더 이상 할 수 없을 때 자기가 살아온 방식대로 죽는 것이, 다시 말해서 주체적으로 죽음을 택하는 것이 바람직한 죽음이라고 그는 생각했던 것이다. 소크라테스에게는 '얼마나' 사는지가 아니라 '어떻게' 사는지가 더 중요한 문제였고, 그러므로 자기가 '바람직한 삶'이라고 판단한 삶을 사는 것이 여의치 않을 때 히포크라테스의 관심사인 건강이나 생명의 연장과는 직접적으로 상관없이 그것은 곧 죽음을 의미하는 것이었다.

스토아 철학자인 에픽테토스Epictetus에 따르면 "사람들의 마음을 불안하게 하는 것은 사건들이 아니라 사건들에 관한 그들의 판단"이다. 죽음에 관해서도 마찬가지다. 그는 『교설』에서 "죽음이란 전혀 두려운 것이 아닐 뿐만 아니라 그것은 마치 소크라테스가 생각했던 것과도 같은 것"이라고 지적하며 "참으로 죽음에 관해 두려운 것이 있다면 죽음이 두렵다고 하는 인간의 생각일 뿐"이라고 주장한다.

이것은 소크라테스적 죽음에 대한 스토아학파의 자연론적 해석이라고 볼 수도 있지만 소크라테스적 죽음관에 대한 일면을 잘 조명해준다. 에픽테토스에 따르면 내세의 존재와 상관없이 이른바 '교육'으로 인간은 죽음에서 자유로워지고 '부동심'에 이를 수 있는데, 이러한 경지에 이른 사람에게 죽음은 희열이나 환희가 아닌 것처럼 고통이나 공포도 아니기 때문이다. 그것은 다만 욕구와 능력과 의무가 일치한 삶의 완성을 의미할 따름이다.

한편 니체는 좀더 적극적인 자세로 죽음을 삶의 완성이라는 시각에서 조명한다. 그는 소크라테스를 전통적인 그리스의 본능적 가치를 해체하고 새로운 '학문'의 이념을 창조했으며 바로 그것을 위해서 '죽을 수도 있었던 최초의 인물'로 평가한다. 니체는 그를 플라톤과 함께 그리스의 '본능'을 파괴하고 '이성'으로 대체했다고 비판하지만 소크라테스의 죽음관만은 높이 평가한다. 니체는 『비극의 탄생』에서 이렇게 말한다.

> 죽음을 맞이하는 소크라테스의 모습은 인식과 그 근거를 통해 죽음의 공포에서 벗어나는 그러한 인간이다. 나아가 그는 학문의 전당 현판 위에서 모든 사람들에게 존재를 이해할 수 있게 하고, 그렇게 함으로써 정당화된 학문의 사명을 상기시키는 방패의 휘장이다.

이와 같이 니체는 소크라테스처럼 죽음을 삶의 완성으로 받아들임으로써 한낱 생리적 사실인 것을 도덕적 필연성으로 전환시켜야 한다고 주장한다. 그뿐만 아니라 죽음을 통해 삶의 의미를 터득하고 삶의 과제에 충실함으로써 그것을 축제로까지 드높여야 한다고 제안한다.

니체에 따르면 인간은 영혼과 육체의 이분법을 넘어서는 일종의 '신체Leib적 존재'이며 총체적 자아로서의 '자기 자신Das Selbst'이다. 그러한 존재가 지닌 삶의 목적은 인간으로서 '초인Der Übermensch'이 되는 것인데, 그것은 이상적인 인간이긴 하지만 유토피아적 가상 인물이 아니며 인간의 한계를 극복한 신화적 의미의 '초인'도 아니다. 그것은 바로 소크라테스처럼 항상 자아를 인식하고 자신을 극복하며 새롭게 창조하는 인물일 뿐이다. 그렇게 되려면 능력을 극대화하려는 의지가 필요하고, 그러한 경우 그 의지의 실현이 삶의 완성이며 그것이 성취된 형태의 이성적 죽음이 곧 '자유로운 죽음'인 것이다.

니체는 『차라투스트라는 이렇게 말했다』에서 그것을 "제때에 살다가 제때에 죽는 죽음"이며 "완성을 가져오는 죽음인 동시에 살아있는 자에게 자극이 되고 굳은 언약이 될 그런 죽음"이라고 서술한다. 이러한 맥락에서 니체에게 바람직한 죽음은 자연의 섭리나 영혼의 불멸과 직접적인 상관이 없다고 할 수 있다.

한편 하이데거는 『존재와 시간』에서 죽음에 임해서도 소크라테스처럼 실존적 자세를 유지할 것을 주문한다. 무엇보다 그는 인간이 단순히 한 잎의 낙엽이 아니라 육체적 생명을 유지하는 동안 견지했던 존재 이유와 역사적 사명과 사회적 역할 등이 언제인가는 결말을 고한다는 것을 자각하는 존재임을 강조한다. 그러한 의미로 인간은 다른 동물과 구별되며, 자신의 죽음을 의식하는 한 죽음이 구체적으로 삶에 개입된다.

그러나 우리는 일상적으로 그러한 것을 의식하지 않으며 '보통 사람das Man'으로 세상을 살아갈 뿐이다. 다른 동물들과 달리 언젠가 자기 자신만의 실존적 죽음을 죽을 뿐이라는 자각에 이르지는 못한다는 것이다. 하이데거는 『존재와 시간』에서 죽음에 대해 이렇게 말한다.

그 어떤 사람도 다른 사람의 죽음을 대신 떠맡을 수는 없다. 물론 사람은 누구나 다른 사람을 대신해서 죽을 수는 있다. 그러나 누가 자기를 위해서 죽는다고 해서 자신의 죽음이 결정적으로 제거되었다는 것을 결코 의미하지는 않는다. 인간은 각기 항상 자기 자신의 죽음을 스스로 떠맡지 않으면 안 된다.

이와 같이 그 누구도 대신할 수 없는 것이 죽음이므로 우리는 자신의 정신력과 인격 전체를 걸고 결단을 내려야 하며, 이른바 '죽음에로의 선구Vorlaufen zum Tode'라는 실존적 자세를 취하지 않으면 안 된다. 그 순간 우리는 불안이라는 기분에 사로잡히기 마련인데, 그것을 피할 것이 아니라 바로 그 불안을 통해서 보통 사람들의 세계를 초월해야 한다.

즉 공허하고 황량한 세계에 아무런 근거도 없이 던져진 자신을 발견하지만 동시에 그러한 세계가 제공하는 기만적인 가치에 대한 집착에서 해방되어 진정한 자아를 인식하는 존재자로 다시 태어나게 된다는 것이다. 그러한 자아로 살아가는 것이 하이데거에게는 바람직한 삶이며 '죽음을 살아냄'으로써 극복하는 방식인 것이다.

그러나 이것은 철학자들에게만 국한된 임무가 아니다. 그것은 생명이 소중하고 인간이 존엄하다는 것을 인정한다면 누구에게나 해당되는 권리이며 의무이기도 하다. 건강하게 오래 사는 것은 중요하다. 그러나 품위 있고 의미 있게 사는 것은 더욱 소중하다. 그것이 곧 '바람직한 죽음'의 조건이기 때문이다.

아름다운 죽음의 비결

죽음을 피하거나 이겨낼 수 있는 사람은 이 세상에 없다. 인간이 죽는다는 것은 객관적인 사실이다. 그러므로 나 자신도 죽음을 면할 길은 없다. 그것을 어떤 방식으로 극복하고 육체적으로나 정신적으로 영생을 얻는 방법이 있다고 믿으면 무지하면서도 자신을 기만하거나 설득하고 있음이 틀림없다는 것이 죽음에 대한 소크라테스적인 인식이다. 그러므로 죽음을 숙연한 마음으로 담담하게 받아들이지 않으면 안 된다.

한편 죽음에는 의지적이고 주관적인 측면이 있다. 죽음에 임하는 마음의 자세가 바로 그것이다. 그것을 공포로 느낄 수도 있고, 환희로 받아들일 수도 있다. 그러나 이른바 '교육'이 완성된 부동심의 철학자에게 죽음은 환희가 아닌 것처럼 공포의 대상일수도 없다. 그것은 그저 섭리에 따라 '탄생'처럼 조용히 다가올 뿐이다. 탄생 이전의 상태에 대해서 우리가 전혀 모르는 것처럼 죽음 이후의 상태에 대해서도 알고 있다고 말할 근거는 없다. 바람직한 삶을 살아왔다고 믿는 사람에게만 그것은 평온하고 담담하게 받아들일 수 있는 또 하나의 경험일 뿐이다.

특히 소크라테스적인 관점에서 볼 때 '바람직한 죽음'은 육체적으로 편안하게 죽는 것보다 정신적으로 의미 있게 죽는 측면에 더 큰 비중을 둔다. 여기서 죽음에 의미가 있다는 것은 자기가 살아온 삶의 완성과 연관된 의미다. 죽음에 임박해서 자기가 살아오는 동안 원하는 것을 해낼 수 있었고, 그것이 또한 의무이기도 한 것이어서 객관적으로 인정을 받았다면 그는 자신의 삶을 완성한 셈이며, 그러한 맥락에서 그의 죽음은 의미가 있다고 할 수 있다. 비록 그러한 의미를 확인하지 못했다고 하더라도 죽음을 매개로 해서 그 삶을 다시 음미해볼 수 있다면 이것이 곧 죽음이 지닌 또 하나의 의미다. 그 어떠한 경우이든 소크라테스적 자아의 인식이 선행되어야 하는 이유가 바로 여기에 있다.

한편 일반적으로 능력이나 당위에 비해서 욕구는 항상 지나치게 강한 성향이 있기 때문에 우리는 막연하나마 건강하게 좀더 오래 살기를 원한다. 그러나 언제인가 우리에게 정도의 차이는 있지만 죽음은 반드시 찾아오기 마련이다. 현대의학으로 어느 정도 생명을 연장시킬 수는 있지만 어떤 경우에도 생존의 욕구를 현실적으로 완전히 충족시킬 수는 없다.

과학기술이 어느 정도 욕구를 충족시킬 수 있지만, 무엇을 원해야 할지를 가르쳐주지 않으며 오히려 욕구를 더욱 확장시키는 경향이 있다. 그러한 경우에 철학은 니체처럼 인간으로서 초인 혹은 '달인'이 되고자 노력해 자아라는 삼각형을 조화롭게 극대화할 것을 권고하며, 하이데거처럼 죽음에 대한 불안을 역이용해 진정한 존재자로서 '달관'할 것을 설파하기도 한다. 이것이 소크라테스적으로 바람직한 삶으로부터 죽어가는 방식이며, 바람직한 죽음을 살아내는 한 형태이기도 한 것이다.

그것은 아궁이에서 치열하게 불길을 내뿜다가 한 줌의 재로 남을 때까지 전소하는 하나의 장작개비에 비견될 수도 있을 것이다. 그것만이 장작개비가 하나의 장작개비로서 가장 바람직하게 존재하는 방식이며 동시에 가장 아름답게 소멸하는 모습일 것이기 때문이다. 그러한 의미로 아름다운 죽음의 비결은 바람직한 삶 속에 숨어 있다고 말할 수 있다.

소크라테스는 한평생 아테네 시민들에게
"너 자신을 알라!"라는 아폴로 신전의 경구를
핵심으로 삼아 자기 사상을 설파한 것으로 알려져 있다.
그렇다면 그가 자아의 인식이라는 것을
그토록 강조한 이유가 무엇일까?

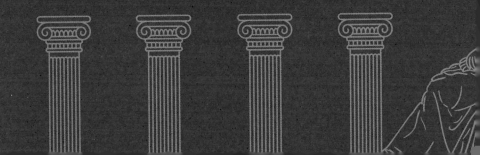

12장

진정한 행복과
자아의 인식

쾌락은 행복이 아니다

격동의 시대에는 혼란이 심화될수록 사람들은 상황 판단에 무뎌지고 개념적 혼동을 일으키기 때문에 가치관이 전도되고 정의와 불의, 선과 악, 그리고 행복과 쾌락을 구별하기가 어렵게 된다. 무엇보다 사람들은 정신적이고 지성적이며 지속적인 행복보다는 육체적이고 관능적이며 순간적인 쾌락의 추구에 몰입하게 된다. 그런데 그렇게 하면 할수록 자아의 인식과는 더욱 거리가 멀어질 수밖에 없다.

한편 진정한 자아를 인식하는 것은 사변적이고 추상적인 측면이 있고, 정상적인 상황에서조차 그 필요성을 실감할 수 없는 과제이기 때문에 혼돈과 격동의 시대에는 이것이 더욱 생소하게 느껴진다. 고대 아테네 시민들에게 쇠파리의 역할을 했던 소크라테스의 절규가 외면당하거나 심지어 분노를 일으키게 한 이유를 여기서 찾을 수 있다. 그럼에도 불구하고 이러한 혼돈의 시대를 무난하게 넘기기 위해서는, 이 풍랑을 무사히 극복하기 위해서는 우선 이 문제와 진지하게 대면하지 않으면 안 된다.

그렇게 하기 위해서는 이 시대에서 특히 우리 사회에 만연되어 있는 '행복'이라는 이름의 쾌락 추구에 급급해하는 사태를 주시해야 한다. 소크라테스적인 자세로 진정한 의미의 행복이 무엇인지 명확하게 규명해야 한다는 것이다.

격동의 시대에는 사람들이 외롭고 불안하기 때문에 더욱 자유로워지고 싶고 그만큼 더 절박하게 행복을 갈구하기 마련이다. 그러나 정체성을 잃기 때문에 오히려 더 많은 구속과 속박 속으로 들어가서 행복보다는 순간적인 쾌락의 수렁에 빠지는 경향이 있다.

톨스토이L. Tolstoy는 『참회록』에서 인도의 자이나교 경전에 나오는 일화를 소개하는데 그것은 현대인의 초상을 잘 묘사해주고 있다. 어떤 나그네가 길을 가다가 맹수에 쫓겨서 허둥지둥 달아나다가 큰 웅덩이에 빠졌는데, 다행히 벽에서 뻗어 나온 나무 가지에 옷이 걸려서 죽음은 겨우 면하게 되었다. 정신을 차리고 밑을 내려다보니 바닥에는 뱀들이 우글거리고, 웅덩이 위에서는 맹수가 여전히 으르렁 짖어대고 있었다. 이러한 위기의 상황에서 이 나그네는 모든 것을 포기하고 마침 나뭇가지에 묻어 있는 벌집에서 꿀을 빨아먹고 있었다.

이와 같이 절박한 상황에 처하게 될수록 우리는 모든 것을 잊고 절망적인 상태에서 오히려 더욱 쾌락을 추구하는 경향이 있다. 그다음 그 쾌락이 진정한 의미의 행복인 것으로 착각하는 오류를 범하게 된다. 그렇게 됨으로써 결국 우리는 자기가 처해 있는 상황이 위기 상황이 아닌 것으로 오판하게 되는 것이다.

인간은 누구나 행복해지기를 바란다. 그것은 원시 시대나 과학기술의 시대를 구분할 필요가 없을 것이다. 그러나 행복이 무엇이냐고 물으면 선뜻 대답할 사람은 그리 많지 않은 것 같다. 학자들 사이에도 의견이 다양해 그것을 감각적 쾌락과 동일시하기도 하고, 이성적 기능을 최대한으로 발휘한 상태로 보는가 하면, 막연히 우리의 소망이 실현된 경우로 규정하기도 한다. 또 어떤 사람은 다소 추상적이긴 하지만 자연의 이법에 순응할 때 행복할 수 있다고 주장하고, 심지어 어떤 사람은 그것은 상상력의 소산인 공허한 개념이어서 구체적으로 규정하기는 불가능하다고 보기도 한다. 그러나 이렇게 다양한 견해에도 불구하고 우리는 다음 몇 가지 점들을 고려해 행복의 개념을 좀 더 명확히 규명해볼 수 있다.

첫째, 행복이란 구체적으로 어떤 개인이 특정한 상황에서 경험하는 심리적 개념이다. 그러므로 그것은 막연한 추상적 관념이 아니며, 비록 쾌락 그 자체와 동일시할 수는 없어도 긍정적인 정신 상태, 즉 욕구나 소망이 이루어졌을 때 느끼는 만족감이나 충족감 같은 심리적 경험을 의미하는 것이다. 우리가 불편하고 불안한 절망의 상태에서 고통을 느낀다면 결코 행복하다고 말할 수는 없는 것이다. 고대철학에서 중국의 양자楊子뿐만 아니라 그리스의 아리스티푸스Aristipus나 에피쿠로스도 "개인적 차원의 쾌락이 행복의 조건"이라고 주장한 것은 이러한 측면을 강조한 것이며, 오늘날 철학에서뿐만 아니라 심리학과 교육학 혹은 종교학에서 이러한 문제를 심층적으로 분석하는 이유도 바로 여기에 있는 것이다.

둘째, 행복은 본질적으로 선악의 가치가 개입된 윤리적 개념이다. 그것은 분명히 개인적인 심리적 상태이지만 사회의 한 구성원으로서 다른 사람이나 집단과의 관계 속에서 경험되는 만족감인 것이다. 행복이 윤리적 개념이라는 말은 윤리의 과제가 무엇인지 살펴볼 때 더욱 분명해진다. 윤리적 차원에서 우리는 어떻게 사는 것이 인간으로서 바람직한 것인지를 묻는데, 이 문제는 인간으로서 고유한 방식으로 살아야 한다는 당위를 함축하게 된다. 그리고 이 당위는 사회의 한 구성원으로서 존재할 경우에만 구체적인 의미를 지니게 되는 것이다.

잘 알려진 바와 같이 아리스토텔레스나 공리주의자인 밀J. S. Mill에 따르면 행복은 인간 행위의 궁극적 목적인 동시에 도덕의 규범이기도 하다. 심지어 행복보다는 의무를 도덕의 기초로 삼는 칸트J. Kant도 "행복을 누릴만한 가치가 있는 존재로서의 인간"이 되는 것을 궁극적 목표로 삼았던 것이다.

셋째, 행복은 체계적인 인생계획 및 그 실현과 관계되는 합리적인 개념이다. 우리는 일시적인 기쁨이나 만족감이 사회의 한 성원으로서 원만하게 충족되었다고 해도 그것을 곧 행복이라고 할 수는 없다. 가령 복권에 당첨되었을 때, 혹은 이산가족이 뜻밖에 상봉하게 되었을 때 기쁨이나 환희를 만끽할 수 있겠지만 과연 행복하다고 할 수 있을까? 여기서 우리는 행복이 단순한 만족감이나 행운의 선물이 아니라 합리적인 인생 계획의 맥락 속에서, 혹은 총체적 자아의 실현 과정에서 오는 지속적인 경험의 일부이어야 한다는 것을 알 수 있다. 롤즈John Rawls는 이러한 점을 지적하며 『사회정의론』에서 다음과 같이 말한다.

사람은 (어느 정도) 유리한 조건 밑에서 세워진 인생의 합리적인 계획이 (어느 정도) 성공적으로 수행되고 있는 동안에, 그리고 자기의 의도가 실현될 수 있다고 무리 없이 확신할 때 행복해진다고 말한다. 그리고 여기서 합리성을 지닌 계획이란 관련된 사실들을 충분히 의식하고 그 결과에 대해 심사숙고한 후에 선택된 조건을 충족시킨 계획임을 의미한다.

이러한 점들을 고려할 때 우리는 행복이란 '합리적인 인생 계획을 가진 사람이 윤리적인 차원에서 자기의 의무나 당위를 이행하는 동안 총체적 자아에서 우러나온 소망을 성취시켰을 때 얻는 만족감'이라고 정의할 수 있다. 그러나 실제로 그러한 만족감을 경험하기란 결코 쉬운 일이 아니기 때문에 결국 어느 정도의 행복감으로 만족할 수밖에 없게 된다.

사실 우리는 단순한 기쁨이나 만족감을 얻기도 어려운데, 그것이 다른 사람과의 원만한 관계 속에서 이루어지려면 더욱 복잡해짐을 안다. 더구나 우리는 자신의 총체적 자아가 무엇인지 가늠하기 어렵기 때문에 인생 계획을 설계하는 데 있어서 합리적인 태도를 유지하기가 결코 쉽지 않다. 바로 그렇기 때문에 행복해진다는 것이 항상 산 너머 저 편에 걸려 있는 무지개처럼 아득하고 먼 그 무엇으로 느껴지고, 그러다보니 행운을 염두에 두게 되었는지도 모른다.

만약 이것이 사실이라면 우리는 무지개를 손아귀에 넣으려고 급급해할 것이 아니라 가능하면 거기에 더욱 가까이 다가갈 수 있는 방법을 강구하는 데 더 신경을 써야 할 것이다. 그렇게 하면 무엇보다 우

리는 무지개가 가까이 다가갔을 때 손아귀에 넣을 수 있는 사물이 아
니며 멀리서 바라볼 때처럼 그렇게 아름다운 것도 아님을 스스로 깨
닫게 될 수도 있을 것이다.

행복의 여러 가지 측면

여기서 우리는 행복을 구체적으로 추구하기 위해 적어도 세 가지 점
을 좀 더 고려할 필요가 있다. 하나는 과학기술이 인간을 행복하게
하는가의 문제이고, 다른 하나는 각자의 기질에 따라 자유의 유형이
다르고, 이 유형에 따라 행복의 종류도 달라진다는 것이다. 끝으로
행복은 궁극적으로 개념의 규정이나 의지의 문제를 넘어 우연과 행
운이 개입하는 섭리攝理의 문제이기도 하다는 것이다.

　잘 알려져 있는 바와 같이 과학기술은 인간에게 긍정적인 측면과
부정적인 측면을 모두 보여주고 있다. 그런데 정확하게 말하면 칼이
우리가 쓰기에 따라 유용하기도 하고 유해하기도 한 것처럼 과학기
술 그 자체는 이로운 것도 아니고 해로운 것도 아니다. 그것은 결국
그 도구를 사용하는 인간의 심성과 능력에 달려 있는 것이다.

　그런데 그동안 과학기술이 긍정적인 측면과 부정적인 측면을 함께
보여주었다는 것은 인간의 심성과 능력에 양면적 요소가 있다는 것
을 의미한다. 다시 말해서 유용하게 쓰려는 심성과 유해하게 쓰려는
심성, 그리고 유용하게 쓸 수 있었던 능력과 그렇지 못했던 무능이

함께 존재했다는 것이다. 이러한 점을 행복의 개념과 관련해서 검토해보기로 하자.

이미 지적한 바와 같이 행복은 어떤 개인이 소망이나 욕구가 충족되었을 때 느끼는 심리적 만족감이다. 이러한 측면에서 보았을 때 과학기술은 다양한 문명의 이기를 창출해냄으로써 전반적으로 삶의 질을 향상시켜주었고 따라서 만족도를 높여주었다고 말할 수 있다. 가령 그것은 의식주를 개선했을 뿐만 아니라 질병의 고통에서도 어느 정도 벗어나게 되었고, 교통도 편리해졌으며, 자유와 평등을 구가하는 현대적 사회 제도 등을 탄생시키는 데 직접적으로나 간접적으로 기여한 공로가 있는 것이다. 만약 서양의 근대에서 이어지는 과학기술이 없었다면 오늘날 우리가 누리는 삶의 형태는 상상할 수조차 없을 것이다.

그러나 어떤 의미로 삶의 질이 향상되었다고 해서, 즉 고대나 중세보다는 현대의 삶이 더 편안하고 안락해졌다고 해서 과연 심리적 만족도가 그만큼 높아진 것일까? 그것을 정확하게 비교하고 측정할 방법은 없다고 해도 한 가지 분명한 것은 편안한 정도에 정비례해서 만족도가 높아지지는 않는다는 점이다. 가령 평균 수명이 거의 두 배로 연장되었음에도 불구하고 여전히 불로장생을 갈구하며 더 나은 의식주를 찾아 동분서주할 뿐만 아니라, 자유와 평등이 많이 신장되었지만 오히려 투쟁과 갈등은 더욱 심해진 것이 우리의 현실이기 때문이다. 이와 같이 과학기술의 발달은 우리의 능력과 동시에 욕구를 한층 더 확장시켜왔다고 볼 수 있는 것이다.

그다음 행복의 윤리적 측면을 살펴보자. 과학기술은 인간의 윤리적 의무나 당위 의식을 확장시켜주었는가? 전반적으로 과학기술은 민주적인 정치체제와 자본주의적인 경제 제도 및 대중문화 양식을 촉진시키기 때문에 개인주의적 사고와 상대주의적 가치관, 그리고 개방적인 생활 태도를 갖도록 유도한다. 그런데 이러한 상황에서는 이기주의적인 경향이 강해지고 경쟁의식이 표면화되기 때문에 사회의 한 성원으로서의 자기 인식이 상대적으로 약화될 수밖에 없다. 따라서 타인에 대한 배려나 집단에 대한 봉사 혹은 의무감도 퇴색하기 쉬운 경향이 있는 것이다. 더구나 각종 문명의 이기들은 플라톤이 우려한 바와 같이 어느 정도 자신을 투명인간으로 만드는 '기게스Gyges의 반지' 역할도 해 다양한 범죄의 동기가 되고, 그 규모나 농도에 있어서 범죄 심리를 더욱 자극하는 계기가 될 수도 있는 것이다.

그러나 과학기술이 근거가 된 사회제도나 도구들이 반드시 비도덕적인 인간만을 양산하는 것은 아니다. 오히려 개방사회가 요구하는 양심적이고 책임 있는 시민 정신을 함양함으로써 도덕적 주체로서의 자기 인식을 돕는 역할도 기대할 수 있기 때문이다. 여하튼 이러한 측면은 과학기술 이외의 요소, 즉 인간의 도덕적 결단과 주체적 역량의 문제가 개입되는 것이기 때문에 분석에 어려움이 있다.

마지막으로 행복의 합리적 측면은 어떠한가? 만약 행복이 단순히 개인적 욕구의 충족이나 의무의 이행에 그치지 않고 장기적인 합리적 인생 계획과 그것을 수행하는 총체적 자아와 연관된다면 이러한 국면에서 과학기술의 역할은 무엇인가? 여기서 특히 고려해야 할 것은 정보화의 기술이 자아의 정체성과 심성에 미치는 영향이다.

잘 알려진 바와 같이 사이버 세계에서 개인은 창조적 직관이나 이성적 판단의 주체이기보다는 단지 정보교환의 교차점으로서 신속한 반응을 요구하고 요구받는 인포매니아informania에 불과한 존재로 전락하는 경향이 있다. 산업 사회에서 도입된 기계가 인간을 노동과 인성에서 소외시켰던 것처럼 지식 사회에서는 컴퓨터와 최첨단의 통신 장비의 도입이 우리를 지적인 탐구 작업뿐만 아니라 인간의 본질에서 소외시키는 결과를 가져왔다. 과학기술에 너무 집착함으로써 지나치게 편리함만을 추구하고, 결국 『장자』에 나오는 '기심機心', 즉 기회를 보고 움직이는 마음이 우리가 합리적 인생계획의 주체로서 존재하는 것을 저해하도록 유도한다는 것이다.

만약 '자아 상실'의 시대에서 그러한 계획을 세우기가 어렵게 된다면 그것이 실현되고 있는지 확인할 도리가 없고, 우리가 느낀 만족감도 행복으로 승화될 수가 없다. 그러나 물론 여기에도 긍정적인 측면이 있다. 과학기술이 일기예보를 가능하게 하고 항해사에게 나침판을 제공한 것처럼 장기적인 인생 계획을 세우는 데 유용한 자료를 제공하고 합리적 주체로서 행동할 수 있도록 방향을 제시하는 데 도움을 줄 수도 있기 때문이다.

지금까지 우리는 과학기술이 인간을 행복하게 하는지에 대해서 심리적, 윤리적 및 합리적인 세 가지 측면에서 살펴보았다. 외형적 조건으로 볼 때 과학기술은 현대인의 행복에 긍정적인 요소로 작용한 것이 사실이지만 이에 못지않게 그 주체인 자아를 확립하는 데 부정적인 효과를 제공한 것도 부정할 수 없다. 그런데 이 긍정적인 요소를 극대화해 개선된 삶의 양식을 행복과 연결시키려면 '기게스의 반지'를 끼더라도 '기심'에서 자유로운 강력한 자아의 확립이 필요하다. 그러나 그것이 미래의 과학기술의 영향 아래서 어떻게 가능한지는 가늠하기 어렵다.

더구나 핵전쟁이나 새로운 질병보다 더 심각한 위협이 될지도 모르는 '환경파괴ecocide' 앞에서 어떻게 인간의 행복을 추구할 수 있는지는 더욱 판단하기 어려울 뿐만 아니라 오히려 비관적인 측면이 더 강하다. 지적인 호기심의 발로인 과학적 탐구는 막을 수 없고 막아서도 안 되는데, 그것은 그 응용의 결과인 기술과 더욱 밀착된 관계로 발전해가고 그 기술의 주체인 자아는 점점 더 기심에 표류하고 있기 때문이다. 과학기술은 행복에 관한 한 인간에게 시시포스의 신화인지도 모른다. 끝으로 행복의 섭리적 측면을 살펴보자.

행복의 섭리적 측면

이미 언급한 바와 같이 행복은 우리에게 항상 산 너머 저편에 걸려 있는 무지개처럼 아득하고 먼 그 무엇으로 남아 있다는 느낌을 준다. 행복의 개념을, 그 이상을 실현하고자 하는 우리에게 아직도 남아 있는 것은 무엇일까? 그것은 '행운'과 '축복'뿐이다. 어쩌면 이것이 '행복幸福'이라는 어휘가 담고 있는 가장 중요한 요소일지도 모른다.

그러나 그것은 행복의 개념 속에 명확히 규정할 수 없는 섭리적인 우연성의 요소다. 물론 우리는 행운과 축복을 얻으려고 노력할 수 있지만 그것을 보장받을 수는 없다. 그렇기 때문에 행복은 분명히 이론적인 개념의 규정과 실천적인 의지의 결단을 넘어서는 그 무엇일 수밖에 없다. 이것을 우리는 스피노자의 표현을 빌려 '신의 지적 사랑 Amor Dei Intellectualis'이라고 표현해도 좋을 것이다. 아리스토텔레스가 '좋은 수호신daimon이 필요하다'는 의미로 행복을 '에우다이모니아 eudaimonia'로 표시한 이유도 바로 여기에 있다.

그렇다면 이제 우리는 행복의 참다운 의미를 실감하기 위해 신의 지적 사랑을 얻어낼 수 있도록, 혹은 좋은 수호신을 가질 수 있도록 간절히 기원하고 있어야 할 것이다. 그런데 이것은 직접적으로나 간접적으로 내세 혹은 죽음의 문제와 연관되어 있고, 결국은 종교와의 관계를 통해 더 많은 답변을 얻을 수 있다.

인간은 일정한 육체적 조건을 지니고, 다양한 환경 속에서 살아가며, 다른 사람들과의 관계를 맺으며 살아간다. 그러나 결국 이 모든 상황은 언젠가 종말을 맞이하기 마련이다. 비록 항상 실감할 수는 없겠지만 삶 그 자체보다 더 객관적이고 철저하게 죽음이 우리를 기다리고 있는 것이다. 행복이 심리적 개념인 이상 이러한 객관적 사실을 외면할 수 없고, 윤리적 관점에서 보아도 죽음에 의해서 모든 의무나 당위 혹은 인간관계가 청산된다고 말할 수도 없다. 더구나 합리적인 인생 계획을 설립하는 데 있어서도 이 죽음을 염두에 두어야 하며, 그것을 극복하는 방안도 강구하지 않으면 안 된다.

이러한 방법을 강구하는 데는 여러 가지 방식이 있을 것이다. 심신의 건강에 신경을 써서 어느 정도 생명을 연장시키는 방법도 있고, 사회에 봉사하거나 국가에 공헌해 총체적 자아를 확대하는 방법도 있다. 또한 자신의 인생 계획을 좀 더 용의주도하게 합리적으로 작성하고 이를 철저하게 실행함으로써 세속적 영생의 의미를 확인할 수도 있다. 그러나 무엇보다 우리는 삶의 한계로서의 죽음을 말할 때 각종 형태의 종교를 말하지 않을 수 없다.

분명히 종교는 예측할 수 없는 죽음에 대한 공포를 어느 정도 해소시킴으로써 행복감을 증진시켰다고 말할 수 있다. 그것은 세속적 부귀나 영화 혹은 권력이나 명예가 상대적으로 행복에 영향을 미치는 것과는 다른 방식이다. 내세에 대한 영혼의 구원이나 극기를 통한 해탈의 관념은 희망이나 체념을 갖도록 체계적으로 도움을 줌으로써 행복지수를 증진시키는 역할을 한다. 애니미즘, 샤머니즘, 토테미즘 같은 원시 종교부터 불교, 기독교, 유대교, 마호메트교 등 오늘날의 세련되고 체계화된 종교들에 이르기까지 공통된 메시지가 있다면 비록 현세에서는 여의치 않더라도 언제인가는 반드시 어떤 행복을 보장한다는 것이었다. 그러므로 이 세상에서의 덕목들은 상대적으로 왜소화되고, 내세에서의 영생을 위한 덕목들이 제시된다.

가령 기독교에서는 지혜보다는 사랑을, 용기보다 인종을, 절제보다는 포기를, 이 땅에서의 정의보다는 천국에서의 구원을 더 갈구하도록 가르친다. 이러한 의미의 행복을 그들은 '지복至福, beatitude'이라고 부른다. 그것은 예수의 〈산상수훈〉에서 이른바 '팔복八福'으로 표현되는데, 가령 마음이 깨끗하고 가난할 뿐만 아니라 슬퍼하며 온유한 사람이 이러한 행복을 누릴 것이고, 옳은 일에 목말라 하고 그런 일을 하다가 박해를 받는 사람, 자비를 베풀고 평화를 위해 일하는 사람에게 역시 그러한 행복이 보장되어 있다는 것이다.

그러나 우리는 이러한 가르침을 제대로 이해하기가 매우 어렵고, 그것을 온전하게 실천하기가 거의 불가능하다는 점은 인식하지 않으면 안 된다. 만약 그러함 마음가짐이나 생활태도를 가진 사람이 현세에서 행복을 누릴 것이라고 해석하면 그 가르침은 일종의 처세술로 장기적인 포석에 지나지 않으며, 신앙의 형태도 한낱 구복의 방편에 불과한 것으로 전락하게 된다.

물론 기독교가 내세만을 위한 종교가 아닌 이상, 이 세상에서의 행복과 전혀 무관하다고 볼 수는 없다. 그러나 예수의 가르침이 그 자신이 스스로 믿고 있었던 것처럼 하나님과 천국을 향한 것이고 여기에 더 큰 비중을 두고 있다는 사실에 유의할 필요가 있다. 그 가르침을 믿고 실천하는 사람들에게는 하나님의 아들이 되어 하나님을 직접 뵙고 하늘나라를 차지할 특권이 있다는 점을 예수는 특별히 강조했기 때문이다.

이러한 가르침은 석가나 마호메트 등 정도의 차이가 있지만 다른 종교의 지도자들의 경우에도 크게 다르지 않다. 만약 종교적 신앙의 계기를 현세의 행복에서 찾고 그 가르침을 약삭빠른 처세술로 이해한다면, 구원이나 해탈은 그만큼 더욱 어려워지고 천국이나 극락도 점점 더 멀어질 것이다. 우리가 궁극적인 행복을 합리적 차원에서 인생을 설계하고 의지의 영역에서 그것을 실현하려고 최선을 다하면서도 결국 미지의 섭리에 맡겨두는 이유가 바로 여기에 있는 것이다.

그러므로 행복은 직접적으로 추구해야 할 삶의 목표가 아니다. 행복은 소크라테스가 항상 강조하는 바와 같이 자기의 욕구와 능력을 확인하고 의무를 이행하면서 성실하게 살아갈 때 그림자처럼 다가오는 자아 인식의 부산물일지도 모른다.

내가 누구인지 끊임없이 묻는 이유

지금까지 우리는 행복의 개념이 무엇이고 그것이 지니는 추상성과 이상성이 어디에 있는지, 그리고 격동의 시대에는 그것이 관능적 쾌락과 동일시되는 이유가 무엇인지 살펴보았다. 그리고 우리는 행복을 직접적으로 추구하기보다는 오히려 진정한 자아의 인식에 집중하는 것이 정체성을 상실하기 쉬운 이 시대에 더욱 바람직한 것인지 검토해보았다. 또한 우리는 자아가 욕구와 능력과 의무라는 세 변으로 이루어진 하나의 삼각형이라는 것을 전제로 해 그것을 인식한다는 것은 무엇을 의미하며 또 얼마나 어려운 일인지를 어느 정도 살펴보았다.

그렇다면 이러한 분석을 통해서 우리가 얻을 수 있는 결론은 과연 무엇인가? 이제 그 분석의 성과를 여기에서 한데 모아 간단히 정리해보기로 하자.

첫째, 자아의 인식을 위해서 막연히 "나는 누구인가?"를 묻는 것보다는 "나는 무엇을 원하고 무엇을 할 수 있으며 또 무엇을 해야 하는가?"라고 물으면 좀 더 구체적인 답변, 즉 더욱 구체적인 소크라테스적 자아의 인식에 도달할 수 있다. 자아를 구성하는 욕구와 능력과 의무는 서로 긴밀한 역학관계에 있기 때문에 서로 복합적으로 작용해 그것을 구분해서 접근하지 않으면 그 정체를 파악하기가 더욱 어렵게 되어 있는 것이다.

둘째, 세분화된 질문을 통해서 우리는 좀더 구체적인 인식에 도달할 수 있지만, 그러나 동시에 자아에 관한 한 완전한 인식이 불가능하다는 사실도 더욱 명확해졌음을 깨닫게 되었다. 여기서 우리는 경험적으로도 불가능하다는 점을 이해하겠지만, 논리적으로도 다시 말해서 인식의 주체인 내가 나를 인식의 대상으로 삼는 데 한계가 있다는 점에서 구조적 난점이 있음을 알게 된 것이다.

셋째, 이러한 인식은 소크라테스가 말하는 '무지의 지知'가 무엇을 의미하는지 실감하게 한다. 자기가 누구인지 모르면서 경거망동하기보다는 "나는 누구인가?"라는 질문을 자기 자신에게 계속 던짐으로써 자기의 욕구와 능력과 의무를 시시각각으로 확인하며, 그 '나'로서 살아가는 것이 이른바 살아갈 가치가 있는 '반성하는 삶'임을 인식하게 된 것이다.

넷째, 이와 같이 우리가 비록 자아에 대한 완전한 인식에 이르지는 못한다고 하더라도 의미 있는 존재로 남아 있기 위해서는 그것을 결코 외면할 수 없다는 사실도 함께 절감하게 되었다. 이러한 사실은 내가 나의 욕구와 능력과 의무 사이를 항상 방황해야 하는 역설적인 존재임을 다시 한 번 확인해주는 것이다.

다섯째, 이와 같은 점들로 미루어볼 때 우리가 한 인간으로서 바람직한 삶을 살기 위해서 할 수 있는 최선의, 그리고 최고의 방안은 "나는 누구인가?"라는 질문을 계속 던지면서 그 나로서 최선을 다하며 사는 것뿐이라는 결론에 도달하게 된다. 이렇게 사는 동안 행운이 찾아와주면 자기가 원하는 것을 얻을 수도 있고, 되고 싶은 사람이 될 수도 있으며, 어쩌면 그 이상이 되어 행복을 얻을 수도 있을 것이다. 그러나 이러한 것은 바람직한 삶의 부산물에 지나지 않는다. 참으로 중요한 것은 "나는 누구인가?"라는 질문을 끊임없이 나 자신에게 던지는 일이다. 실패하고 후회하며, 또 회한에 젖기도 하며, 그러나 다시 눈물을 거두며 다그쳐 묻는 것이다. 도대체 내가 누구인지를 말이다. 그리고 이것은 가족적 차원이나 국가적 차원, 그 밖에 어떤 공동체적 차원에서도 '공동체적 자아'의 인식을 시도하는 데 활용할 수 있을 것이다. 가령 '민족적 자아'는 어떤 민족들이 어디에서 흩어져 살든 상관없이 통합의 원리로서 작동할 수 있다는 것이다.

우리가 비록 완전한 답변을 얻지 못하더라도 내가 누구인지를 계속 묻는 한 소크라테스의 "너 자신을 알라!"는 냉혹하고도 집요한 요청 앞에 너무 당혹해할 필요는 없다. 이미 살펴본 바와 같이 내가 누구인지 모르는 것은 조금도 부끄러운 일이 아니다. 나는 나를 완전히 알 수 없기 때문이다. 정작 부끄러운 일은 내가 누구인지를 묻지 않는, 다시 말해서 인간으로서 반성된 삶을 살지 않는 것이다.

이렇게 내가 누구인지를 계속 묻고 또 그것을 묵묵히 실천에 옮기는 한 우리는 또한 "일흔 살이 되니 하고 싶은 대로 하나 법도에 어긋남이 없다七十而從心所欲不踰矩"라고 말한 공자에게 떳떳하게 다가갈 수도 있을 것이다. 공자는 "어찌할까, 어찌할까를 묻지 않는 사람은 나도 어찌할 도리가 없다"고 했기 때문이다. 내가 누구인지를 묻는 자세를 견지하는 한, 현대인으로서나 한국인으로서 '격동의 시대'를 무난하게 극복하고 '폭풍의 언덕'을 무사히 통과할 수 있을 것이다.

『소크라테스적 성찰』
저자 심층 인터뷰

> '저자 심층 인터뷰'는 이 책의 주제와 내용에 대한 심층적 이해를 돕기 위해
> 편집자가 질문하고 저자가 답하는 형식으로 구성한 것입니다.

Q. 『소크라테스적 성찰』을 소개해주시고, 이 책을 통해 독자들에게 전하고
싶은 메시지가 무엇인지 말씀해주세요.

A. 이 책은 우리의 삶에 대해서 소크라테스적 관점을 가져보고 그러
한 방식으로 살아가도록 하는 데 그 집필 목적이 있습니다. 소크
라테스의 가르침은 한마디로 '생각하고 또 생각하라!'는 말로 요
약할 수 있는데, 바로 그 점이야말로 다른 성현들의 가르침과 다
른 것입니다.

그는 구체적으로 우리에게 바람직한 삶에 대해서 가르치려는 것

이 아니라 이미 답을 갖고 있다고 생각하는 것에 대해서 다시 한 번 더 생각하고 행동하라는 것입니다. 별로 생각하지 않고 앞만 보고 달려가는 우리들에게 그것은 매우 절실한 가르침이라고 생각합니다. 이 책은 소크라테스적인 지혜가 어떤 것인지를 소개하고 여러 현상에 대한 제 자신의 이해를 제시한 책이라고 말할 수 있습니다.

Q. 이 책을 독자들이 어떻게 읽으면 좋을지 말씀해주세요.

A. 우리는 전통적으로 인생에 대해 많은 지혜를 전수해왔습니다. 부모에게 효도하고 나라에 충성하며 이웃을 사랑할 뿐만 아니라 하느님을 잘 섬기라는 등의 가르침 말입니다. 그러나 사실 우리가 왜 그렇게 해야 하는지 분명하게 알지 못할 때가 많습니다. 그렇기 때문에 그러한 가르침에 대해서 막연한 생각을 갖게 되고, 권위에 의해 수동적으로 행동하게 되며, 그러다가 그것을 아예 무시하거나 외면하는 경우가 흔히 있지요.

이 책은 그러한 가르침들에 대해 다시 한 번 곰곰이 생각해보고 마침내 자기 자신의 것이 되도록 합리화와 정당화의 과정을 거치라고 권합니다. 어떠한 종류의 권위나 억압에도 결코 굴복하지 않고 자신의 삶을 자율적으로 살아낼 뿐만 아니라 책임의 주체가 되기 위해서 말입니다. 이 책을 그러한 자세로 읽어나가면 좋겠습니다.

Q. 우리는 소크라테스의 이름은 많이 들어보았지만 명성에 비해서 '소크라테스'라는 인물에 대해 물어보면 "너 자신을 알라"외엔 선뜻 대답을 못합니다. 소크라테스에 대해 간략하면서도 명쾌하게 소개해주세요.

A. 소크라테스는 주로 플라톤의 『대화록』을 통해서 알려졌지만 실제로 그가 어떤 인물인지에 대해서는 전문가 사이에서도 이견이 많습니다. 그러나 적어도 몇 가지는 확실합니다.

첫째, 소크라테스는 역사적으로 전쟁이 잦고 정치적으로도 불안한 격동의 시기에 아테네에서 살았으며, 지성사적으로도 신화의 시대에서 이성의 시대로 넘어가는 과도기에서 거대한 정신적 영웅으로 군림했다는 것입니다.

둘째, 소크라테스는 당시의 관습과 사회제도 및 사고방식에 대해서 대체로 비판적인 태도를 보였으나, 그것은 진정한 아테네의 영광과 그 시민들의 품격, 영혼의 정화를 위한 것이었습니다. 이러한 소크라테스의 비판은 궁극적으로 자기 자신을 겨냥한 것이기도 했습니다.

셋째, 소크라테스는 합리적이고도 비판적인 사고의 진정한 창시자였으며, 그러한 의미로 예수와 함께 서구 문명의 큰 축을 담당했다고 볼 수 있습니다. 서구의 과학기술 문명도 방법론적으로는 세계를 보는 그의 사고방식에 의존한다고 해석할 수 있기 때문입니다.

Q. 이 책에서 우리 사회를 당시의 아테네와 마찬가지로 '격동의 시대' 라고 하셨습니다. 격동의 시대에 있는 우리가 소크라테스에게서 배워야 할 가장 큰 교훈은 무엇인가요?

A. 격동의 시대란 풍랑을 만난 배의 선원이나 승객들처럼 제자리를 잃고 우왕좌왕하는 상황을 의미합니다. 이러한 상황에서는 무엇을 잘해보려고 해도 여의치 않지요. 그러므로 무엇보다 각자가 자기 자리를 되찾는 것이 중요합니다. 더구나 큰 배가 침몰할 때는 난파되기 직전까지 승객들이 스스로 위급한 상황에 있는 것을 실감하지 못합니다. 그렇기 때문에 침몰을 더욱 가속화하기도 합니다.

바로 그러한 점이 아테네와 우리나라의 상황이 닮았다고 판단됩니다. 갑자기 부강한 나라가 되었다는 사실은 조금도 위안이 될 수 없습니다. 실제로 그 당시 페리클레스가 통치하던 아테네는 그리스 역사상 가장 번창했던 강국이었으니까요.

여기서 소크라테스의 가르침이 오늘날에 와서도 중요한 의미를 지닙니다. 개인적으로나 국가적으로 가장 잘나간다고 생각되는 바로 그 순간, 진정으로 자기가 누구인지를 스스로에게 물어야 한다는 것입니다. 앞만 보며 달려가지 말고 매사에 깊이 생각한 다음 행동하라는 뜻입니다.

Q. 소크라테스의 "너 자신을 알라"는 말은 자아 인식에 대한 것이라고 하셨는데, 나 자신을 안다는 것이 무슨 뜻인가요? 자아 인식과 행복과의 관계에 대해서도 말씀해주시기 바랍니다.

A. 당시 아테네 사람들은 외향적인 가치, 말하자면 주로 명성이나 권력, 재부 같은 것을 추구하려고 혈안이 되어 있었습니다. 그렇게 되면 무엇보다 영혼이 혼탁해진다고 소크라테스는 믿었습니다. 세상을 제대로 보지 못할 뿐만 아니라 다른 사람들과의 지나친 경쟁을 통해 여유를 갖지 못하고 정신적으로 타락하기 때문이지요.

소크라테스에 따르면, 어쩌다가 그러한 것을 획득했다 하더라도 진정한 의미로 자기의 것이 되지 못합니다. 오히려 자기 자신이 그 노예가 되고 마는 것이지요. 그러한 처지로 전락하지 않으려면 자기가 누구인지 알고 그 '나'로서 먼저 존재하지 않으면 안 된다는 것이 그의 가르침입니다.

정확하게 그것이 무슨 뜻인지 밝히지는 않았지만 여러 맥락을 짚어보면, 자신의 진정한 욕구와 능력과 의무가 무엇인지 알고 거기에 따라 행동하라는 뜻으로 이해하고 있습니다. 그러한 태도로 살아가는 사람들에게 행복은 운이 좋을 때 따라오는 부산물 같은 것이 되겠지요.

Q. 자아를 인식할 때 행복해질 수 있다는 소크라테스의 말이 왜 그다지도 아테네인들에게 낯설었던 것일까요? 인간 이성에 대한 당시 아테네인들의 인식은 어땠나요?

A. 그 당시 아테네 사람들의 이상적인 인간상은 호메로스의 서사시에 나오는 영웅들, 말하자면 아킬레우스 같은 사람이었습니다. 전형적으로 외향적 가치를 구현하는 인간이지요. 또한 그들은 그러한 인간이 가장 행복한 인간이라고 믿었습니다. 오늘날 우리의 상황과 매우 흡사하다고 볼 수 있지요. 그런데 소크라테스의 견해는 그 반대였습니다. 그러한 인간은 이성이 아니라 욕구와 야망의 노예일 뿐이기 때문에 자기 자신의 주인이 될 수 없고, 진정한 의미의 행복을 누릴 수도 없다고 주장했습니다. 더구나 그러한 인간들로 사회가 가득찰 때 국가가 위험해질 수 있다고 경고했습니다. 그러나 그러한 경고를 아테네인들은 모욕적인 처사로 간주하고 그에게 유죄판결을 내려 처형하고 말았던 것입니다.

일반적으로 세속적인 야망의 노예가 된 사람은 깊이 생각하기를 싫어합니다. 깊이 생각하더라도 욕구를 충족시키거나 확장시키는 도구로써 이성의 기능을 활용하려고 합니다. 반성하고 비판하는 이성의 기능과 역할이 우리처럼 아테네인들에게도 생소하게 느껴진 것이지요. 더구나 아직 신화적 사고와 예술적 감성이 지배하던 시대에 냉철한 이성적 성찰과 합리적 판단은 오히려 무엄하고 위험한 태도이거나 미흡한 방식이라고 여겨졌던 것이지요.

Q. 사람들을 말로 설득하던 소피스트들과 말 잘하는 철학자였던 소크라테스는 언뜻 보면 화술에 능하다는 점에서 비슷한 것 같은데 완전히 다른 이유는 무엇인가요?

A. 당시에는 상업문화가 발달해 경제적인 영역뿐만 아니라 정치적 및 문화적인 분야에서도 언어가 상당한 영향력을 발휘하던 시대였습니다. 그런데 말이 영향력을 발휘하려면 설득력이 있어야 하고, 여기에는 상대를 감동시키는 방법과 진리를 입증하는 방법이 있습니다. 소피스트들은 주로 수사학과 변론술을 사용해 상대를 감동시키는 방법을 썼지만 소크라테스는 변증술이란 논리적 분석을 통해 적어도 상대방의 입장이 진리가 아님을 입증해보였습니다.

상대방에게 영향력을 발휘했다는 점에서 양자는 공통점이 있지만 그 방식에 상당한 차이가 있습니다. 소피스트들은 결론을 미리 가지고 있었고 그것을 갖가지 방법을 동원해 정당화하는 데 급급했습니다. 하지만 소크라테스에게는 그러한 결론이 없었고, 그는 다만 그들의 정당화의 과정이 논리적으로 타당한지를 끊임없이 점검했을 뿐입니다. 논증을 통해 진리를 추구하고자 하는 사람들은 소크라테스를 존경했지만 무슨 방법을 써서라도 자기를 합리화하려는 사람들은 아마도 그를 미워하거나 기피하려고 애썼겠지요.

Q. 소크라테스는 죽음에 임박해서도 아무 두려움 없이 "죽어야 할 시간이 왔다"며 의연하게 죽음을 택했습니다. 죽음에 임하는 소크라테스의 성찰에서 우리가 배울 점은 무엇인가요?

A. 보통 우리가 죽음에 임할 때에는 대체로 두 가지 태도 중의 하나를 취하는 것 같습니다. 하나는 죽음이 다가오는 것을 받아들이지 못하고 그것을 거부하거나 누구를 원망하는 태도입니다. 다른 하나는 종교를 통해 영생이나 해탈을 믿고 죽음을 극복하려는 태도입니다.

그런데 전자는 바람직한 태도가 아니고, 후자는 보통 사람들에게 결코 쉬운 것이 아닙니다. 제가 이해하기에 소크라테스는 중간쯤의 방법을 택했다고 판단됩니다.

소크라테스는 죽음의 사실을 거부하거나 그 누구도 원망하지 않았습니다. 또한 그는 영생이나 해탈을 굳게 믿은 것 같지도 않습니다. 그러나 그는 자기 자신이 누구인지 알고 그러한 존재로 자신의 삶을 충실히 살아냄으로써 삶을 완성하고자 했고 그것을 마침내 이루었다고 믿었기 때문에 죽음을 의연하게 택했다고 생각합니다. 물론 그 과정에서 그는 냉철한 이성의 판단에만 의존하려고 애썼습니다. 바로 그러한 점이 지금의 우리가 배워야 할 부분이 아닐까요.

Q. 소크라테스는 자신이 모르고 있다는 것을 알았기에 묻고 또 물었습니다. 그런데 왜 많은 사람들은 모르면서도 선뜻 질문을 던지지 않는 걸까요?

A. 거기에는 물론 여러 가지 이유가 있을 것입니다. 우선 바쁜 생활에 쫓겨서 깊이 생각할 시간을 갖지 못하는 데 가장 중요한 원인이 있을 것입니다. 만약 우리가 그러한 삶에 쫓겨서 수동적으로 표류하지 않으려면 먼저 생각할 시간을 마련해야 할 것입니다. 생각하다보면 아는 것과 모르는 것의 구분도 분명해지고, 안다고 믿었던 것도 실제로는 잘못 알고 있었다는 사실이 밝혀집니다. 그다음에 가서야 모른다는 것을 안다는 단계에 들어서게 되는데 여기서는 왕성한 지적 호기심과 겸손한 자세, 그리고 성실한 태도가 필요하겠지요.

이와 같이 우선 마음의 여유를 갖고 자기의 삶 전반에 걸쳐서 음미할 시간을 마련해야 합니다. 그런 다음 좀더 깊이 알아보려는 태도를 갖추어야 비로소 질문을 갖게 된다고 봅니다.

Q. 소크라테스의 합리적이고 비판적인 정신을 배워야 한다고 하셨습니다. 현대사회에 인간과 사회에 대한 비판적 시각이 왜 필요한지 말씀해주시기 바랍니다.

A. 현대사회는 농경사회나 유목사회와 다른 점이 많이 있습니다. 그 중에서 가장 중요한 것은 많은 사람들이 서로 밀착된 관계를 이

루고 살아가야 한다는 점이겠지요. 이러한 사회 형태를 야기한 근원적인 원인은 과학기술의 등장에서 찾을 수 있습니다. 그리고 바로 여기에 힘입어서 현대사회를 특징짓는 자본주의 경제체제, 민주주의 정치제도, 다원주의 문화구조 등이 형성된 것이지요. 이러한 사회에서 바람직한 삶을 살아가기 위해서는 석가나 공자, 예수의 가르침과 함께 소크라테스의 합리적이고 비판적인 정신도 중요하다고 봅니다. 아니, 어쩌면 그것이 가장 중요하고 절박한 것인지도 모릅니다.

다원화된 문화구조에서는 다른 문화와 사고방식을 존중하고, 민주화된 정치체제에서는 다른 사람들의 인권을 소중하게 여기며 자본주의 경제제도 아래서는 상대방을 신뢰하고 타협과 협상에 성실하게 임해야 합니다. 이러한 상황에서는 소크라테스의 합리적이고 비판적인 정신이 현대인이 당면한 문제를 해결하는 데 있어서 유일하고 최선의 방식이 아닐까 하는 생각을 해봅니다.

1. 네이버 검색창 옆의 카메라 모양 아이콘을 누르세요.
2. 스마트렌즈를 통해 이 QR코드를 스캔하면 됩니다.
3. 팝업창을 누르면 이 책의 소개 동영상이 나옵니다.

인간에 대한 위대한 통찰

몽테뉴의 수상록

몽테뉴 지음 | 정영훈 엮음 | 안해린 옮김 | 값 12,000원

가볍지도 과하지도 않은 무게감으로 몽테뉴는 세상사의 다양한 주제들에 대해 본인의 견해를 자신 있고 담담하게 풀어낸다. 이 책을 읽으며 나의 판단이 바른지, 내가 지금 제대로 살고 있는지, 앞으로 어떻게 살아야 하는지 등을 수없이 자문해보자. 원초적인 동시에 삶의 골자가 되는 사유를 함으로써 의식을 환기하고 스스로를 성찰하며 인생의 전반에 대해 배우는 계기가 될 것이다.

인생을 어떻게 살아야 할 것인가

에픽테토스의 인생을 바라보는 지혜

에픽테토스 지음 | 강현규 엮음 | 키와 블란츠 옮김 | 값 12,000원

내면의 자유를 추구했던 에픽테토스의 철학과 통찰을 담은 책이다. 현실에 적용 가능한 구체적이고 실천적인 에픽테토스의 철학을 내면에 습득해 필요한 상황이 올 때마다 반사작용처럼 적용할 수 있다면, 그 어떤 역경과 어려움 앞에서도 굴하지 않고 꿋꿋하게 살아남아 최후의 승리자가 될 수 있을 것이다. 현실에 좌절하고 힘들어하는 모든 현대인들에게 에픽테토스의 철학이 담긴 이 책을 권한다.

나는 때론 혼자이고 싶다

혼자 있는 시간이 가르쳐주는 것들

허균 지음 | 정영훈 엮음 | 박승원 옮김 | 값 14,000원

허균의 『한정록』을 현대적 감각에 맞게 재편집한, 혼자 있는 시간의 즐거움을 알려주는 책이다. 이 책을 읽으며 '나 자신'을 돌아보고 성장할 수 있는 시간을 가져보자. 수많은 이야기를 통해 혼자 보내는 시간이 얼마나 뜻깊고 즐거운지 느낄 수 있을 것이다. 혼자 보내는 시간의 즐거움이란 단지 사람들과 외따로 살아가는 즐거움이 아니라 온전한 나로 깨어 있는 삶의 즐거움임을 이 책을 통해 깨닫기를 바란다.

자기 자신을 있는 그대로 받아들이는 힘

지금 있는 그대로의 너여도 괜찮아

정은임 지음 | 값 15,000원

현대 사회는 빠르게 변화한다. 이 속도에 발맞춰 바쁘게 살다보면 자신의 감정과 마음을 놓치기 쉽다. 빠른 속도 속에서 여유를 갖고 마음을 되돌아보기 힘들기 때문이다. 이러한 환경 속에서 자신이 괜찮지 않다고 느끼는 것은 지극히 자연스럽다. 이 책에서 저자는 친절한 방식으로 자신의 마음을 다스리는 방법을 알려준다. 또한 삶의 변화를 바라는 사람들에게 변화를 위한 단계적인 방법을 친절하고 자세하게 알려준다.

관계의 99퍼센트는 성격이다

성격도 수리가 됩니다

헨리 켈러만 지음 | 마도경 옮김 | 값 16,000원

감정을 억제하거나, 심하게 자신의 감정을 통제하거나, 감정 통제가 불가능하거나 의존적이거나 등 그 어떤 성격 유형이든 이 책에 나오는 모든 상황은 나 또는 내 주변 사람들이 겪고 있는 정신적인 문제다. 하지만 다행히 저명한 심리학자인 저자는 사람의 성격은 바뀔 수 있다고 말한다. 이 책을 통해 나에게 고착화된 '성격'은 어떤 것인지 파악함과 동시에 주변 사람들을 이해하는 데 도움이 될 만한 많은 정보를 얻어보자.

관계, 사랑, 운명을 바꾸는 감사의 힘

그저 감사했을 뿐인데

김경미 지음 | 값 15,000원

저자는 긍정심리학을 오래 연구한 학자로서 일상을 통한 감사함의 실천이 행복에 이르는 길이라는 이야기를 이 책에 담았다. 감사의 눈으로 자신과 세상을 바라보면 '가짜 행복'이 아닌 '진짜 행복'을 찾을 수 있으며, 행복은 멀리 있는 것이 아니라 우리 주변에 있다는 평범하지만 위대한 삶의 진리도 깨닫게 된다. 이 책을 통해 너무나도 잘 알고 있었던 '감사'의 효과를 실생활에서 누려보자.

주변에 사람이 모여드는 말 습관

이쁘게 말하는 당신이 좋다

임영주 지음 | 값 15,000원

말의 원래 모습을 잘 살려 따뜻한 삶을 살고 싶은, 이쁘게 잘 말하고 싶은 사람들을 위한 공감의 책이다. 특히 주변 사람들로부터 "말 좀 제발 이쁘게 하지?"라는 말을 한 번이라도 들어본 적 있다면 이 책을 꼭 읽을 것을 권한다. 한 번뿐인 소중한 인생, 우리 모두 '성질'과 '성격'대로 마구 말하는 것이 아니라 '인격'으로 다듬어 말하는 사람, 즉 이쁘게 말하는 사람이 되어보자. 말은 우리의 모든 것이기 때문이다.

관계의 99%는 감정을 알고 표현하는 것

나도 내 감정과 친해지고 싶다

황선미 지음 | 값 15,000원

상담학 박사인 저자는 감정에 대해 제대로 알고 친해지는 법을 소개한다. 이 책은 부정적 감정인 화 · 공허 · 부끄러움 · 불안 · 우울에 대해 이야기하며 부정적 감정 그 자체는 문제가 아님을, 핵심은 감정에 휩쓸리지 않고 감정을 잘 받아들이는 데 있음을 말한다. 이 책을 통해 자신의 감정을 제대로 알고, 제대로 표현하는 법을 익혀 적절하게 감정을 사용할 수 있을 뿐만 아니라 진정한 공감과 위로를 받을 수 있다.

삶의 근본을 다지는 인생 수업

해주고 싶은 말

세네카 외 5인 지음 | 강현규 엮음 | 값 14,000원

이 책은 인생, 행복, 화, 시련, 고난, 쾌락, 우정, 노년, 죽음 등 우리 인간의 삶에 대한 통찰을 담고 있다. 세네카의 『화 다스리기』『인생론』『행복론』, 아우렐리우스의 『명상록』, 에픽테토스의 『인생을 바라보는 지혜』, 키케로의 『노년에 대하여』『우정에 대하여』, 톨스토이의 『어떻게 살 것인가』, 몽테뉴의 『수상록』 등 9권의 위대한 인문 고전에서 현대의 독자들을 위해 정수만을 뽑아내 재편집한 결과물이다.

먹는 것 때문에 힘든 사람들을 위한 8가지 제안

음식이 아니라 마음이 문제였습니다

캐롤린 코스틴·그웬 그랩 지음 | 오지영 옮김 | 값 16,000원

캐롤린 코스틴은 실제로 거식증을 앓아 '살기 위해' 심리학을 공부했으며, 이를 자신에게 직접 적용해 완치한 후 미국 최고의 섭식장애 전문가가 되었다. 이 책은 먹는 것으로부터의 회복과 자유를 갈구하는 사람들에게 진정 필요한 것이 무언인지 명쾌하게 알려준다. 먹는 것 때문에 고통을 겪는 사람들은 물론이고, 주변의 가족과 친구들도 이 책을 읽으며 한결 마음의 안정을 얻을 수 있을 것이다.

착한 사람들이 힘들어하는 9가지 이유

나는 좋은 사람이기를 포기했다

듀크 로빈슨 지음 | 유지훈 옮김 | 값 15,000원

저자는 진정으로 좋은 사람이 되기 위해 자신의 감정이나 생각을 당당하고 솔직하게 털어놓는 연습을 할 것과 남에게 비치는 나보다 당당하고 솔직한 진짜 나로 살아갈 것을 당부한다. 거절하지 못해 힘들게 살아가는 사람들은 온전한 자기 인생을 결코 살아갈 수 없다. 이 책을 통해 내 안에 웅크리고 있는 나약한 어린아이의 실체를 똑바로 알고, 왜곡된 사고의 틀을 허무는 지혜를 터득할 수 있을 것이다.

나는 매일 개들과 사랑하며 산다

당신과 반려견 사이

유상우 지음 | 값 15,000원

이 책은 정신과 의사가 반려견을 만나면서 얻은 깨달음을 담은 반성문이자 3마리 개와 함께 사는 소소한 즐거움을 담은 기록이다. 도파는 저자가 침대에서 처음으로 함께 잔 강아지였고 반려견에 대해 관찰하고 성찰하게 만들었다. 정신과 의사의 눈으로 바라본 당신과 당신의 반려견 사이에 존재하는 특별한 시그널, 그 시그널을 만들어내는 호르몬 이야기를 담은 이 책은 반려견들의 일상 모습을 담은 사진이 실려 있어 보는 재미가 있다.

당신의 마음속에 온기가 스며들다

심리학의 온기

조영은 지음 | 값 15,000원

버거운 하루를 보내고 있을 당신을 위한 심리학 대중서가 나왔다. 삶이 나를 너무 힘들게 할 때 실생활에서의 문제들을 쉽고 재미있게 심리학의 개념부터 치유방법까지 설명한다. 저자는 심리학에 대한 지식이 없는 독자도 쉽게 이해할 수 있도록 풀어냈다. 이 책을 통해 심리학 이론들을 쉽게 접하면서 살아가는 데 잠깐의 쉼표가 필요하다면 이 책을 펼쳐보자.

나는 걱정 없이 둔감하게 살기로 했다

걱정 내려놓기

강용 지음 | 값 15,000원

걱정이 많은 사람들을 위한 심리처방서다. 심리상담 전문가인 저자는 걱정을 하는 것이 꼭 나쁜 일은 아니지만 지나친 걱정은 개선해야 한다고 말한다. 자신의 문제만 바라보면 걱정과 불안이 커지지만 문제의 원인을 찾고 변화를 향해 나아가면 걱정과 불안은 긍정적인 역할을 한다. 이 책을 통해 소중한 내 인생을 위해 걱정을 내려놓기로 결심하고, 상처받은 자신의 마음을 들여다보고, 걱정을 승화시켜 행복한 삶을 살아보자.

스스로에게 당당하면 충분히 빛나는 인생이다

나는 눈치 보지 않고 당당하게 살기로 했다

강상구 지음 | 값 15,000원

우리는 사람이기에, 살아있기에 스스로가 세상의 중심이라고 생각하며 자신의 뜻을 펼쳐야 한다. 한 번뿐인 인생을 이 책을 통해 멋지고 행복하게 살아보자. 저자는 방법과 질문을 통해 스스로의 삶을 좀더 당당하게 살아갈 수 있도록 유도한다. 이 책을 읽으며 저자가 말한 방법을 적용하고 스스로에게 질문해보자. 그 순간 눈치 보지 않고 당당하게 맞서고 있는 자신을 발견하게 될 것이다.

삶의 거울이 되는 영화 속 여자들의 인생 이야기

영화, 여자를 말하다

이봄 지음 | 값 15,000원

23편의 영화 속 여자들의 인생을 거울삼아 깨달음을 주고 나답게 살아갈 용기를 주는 자기계발서다. 저자는 영화를 통해 주인공들이 겪는 다양한 상황을 간접적으로 경험함으로써 자기 일상의 한계를 넘어서는 시야를 가질 수 있게 된다고 말한다. 이 책에 등장하는 영화 속 그녀들에게 연대감을 느끼고 이 사회가 여자인 당신에게 사회 구성원으로서 기대하는 성역할의 무게를 실감하고 있다면, 이 책이 큰 위로가 될 것이다.

■ 독자 여러분의 소중한 원고를 기다립니다 ──────────────

메이트북스는 독자 여러분의 소중한 원고를 기다리고 있습니다. 집필을 끝냈거나 집필중인 원고가 있으신 분은 khg0109@hanmail.net으로 원고의 간단한 기획의도와 개요, 연락처 등과 함께 보내주시면 최대한 빨리 검토한 후에 연락드리겠습니다. 머뭇거리지 마시고 언제라도 메이트북스의 문을 두드리시면 반갑게 맞이하겠습니다.

■ 메이트북스 SNS는 보물창고입니다 ──────────────

메이트북스 홈페이지 www.matebooks.co.kr

책에 대한 칼럼 및 신간정보, 베스트셀러 및 스테디셀러 정보뿐만 아니라 저자의 인터뷰 및 책 소개 동영상을 보실 수 있습니다.

메이트북스 유튜브 bit.ly/2qXrcUb

활발하게 업로드되는 저자의 인터뷰, 책 소개 동영상을 통해 책에서는 접할 수 없었던 입체적인 정보들을 경험하실 수 있습니다.

메이트북스 블로그 blog.naver.com/1n1media

1분 전문가 칼럼, 화제의 책, 화제의 동영상 등 독자 여러분을 위해 다양한 콘텐츠를 매일 올리고 있습니다.

메이트북스 네이버 포스트 post.naver.com/1n1media

도서 내용을 재구성해 만든 블로그형, 카드뉴스형 포스트를 통해 유익하고 통찰력 있는 정보들을 경험하실 수 있습니다.

메이트북스 인스타그램 instagram.com/matebooks2

신간정보와 책 내용을 재구성한 카드뉴스, 동영상이 가득합니다. 각종 도서 이벤트들을 진행하니 많은 참여 바랍니다.

메이트북스 페이스북 facebook.com/matebooks

신간정보와 책 내용을 재구성한 카드뉴스, 동영상이 가득합니다. 팔로우를 하시면 편하게 글들을 받으실 수 있습니다.

STEP 1. 네이버 검색창 옆의 카메라 모양 아이콘을 누르세요.   STEP 2. 스마트렌즈를 통해 각 QR코드를 스캔하시면 됩니다.
STEP 3. 팝업창을 누르시면 메이트북스의 SNS가 나옵니다.